D1688456

Helmut Seitz · Da ham wir den Salat

Da ham wir den Salat

*Ein lustiges Lesebuch
rund um den Garten
von Helmut Seitz*

Mit 5 Zeichnungen von Ernst Hürlimann

Süddeutscher Verlag

Umschlagentwurf: Ernst Hürlimann

ISBN   3 7991 5686 0

© *1972 Süddeutscher Verlag GmbH, München*
Alle Rechte vorbehalten. Printed in Germany
Schrift: Linotype Garamond Antiqua
Satz und Druck: Süddeutscher Verlag GmbH, München
Bindearbeit: R. Oldenbourg, München

Inhalt

7	Der Reim auf den Garten
8	Auf geht's!
11	Liebesglut und Spinat
13	Gartlers Abendgebet
14	Die große Garten-Schau
17	Das lateinische Kugelblümchen
19	Ansprache an die Amseln
20	Erdbeeren im Heringsnetz
23	Kein Verlaß mehr auf die Mücken
26	Grad mit Fleiß
27	Die lieben Verwandten
30	Zweierlei Radi
34	Laute Leute
35	Heiße Würstl und kalte Füße
38	Was macht eigentlich Ihr Rasen?
41	Sonntags-Bilanz
42	Ein Swimming-pool muß her!
45	Einladung zur Selbstbedienung
47	Last und Lust
48	Ein Männlein steht im Garten
50	Großes Fest im Kleingarten
54	Heimweh
55	Da ham wir den Salat!
58	Wir haben es gut
61	Wetterbericht
62	Ahnungslose Garten-Gäste
65	In der grünen Hölle
68	Blick übern Zaun
69	Wepsige Zeiten
71	Ein Strauß von draußen

74 Gartler-Hymne
75 Was uns noch alles blühen kann
77 Letzte Taten mit dem Spaten
80 Ode an den Kompost
81 Gartenfeuertage
83 Im letzten Garten
86 Winter-Trost
87 Aus dem Vogel-Häuschen
89 Kein Dünger auf dem Gabentisch

VORFRÜHLING

I glaub, des wird heuer wieder a Riesenernte

Der Reim auf den Garten

Es braucht halt alles seine Zeit
(viel Zeit sogar!), bis es gedeiht.
Die Ungeduld hilft dir da nix,
es gibt auch keine schnellen Tricks,
und fällt's auch manchesmal recht schwer:
Es reimt sich nicht von ungefähr
auf unser Hauptwort »Garten«
so glatt das Zeitwort »warten«.

Auf geht's!

Manchmal ist es schon im Februar so weit. Und in anderen Jahren erst im April. Aber meistens passiert es irgendwann im März, daß der erste warme Sonnenschein nicht nur die Krokusse, die Bienen und die Liebespaare herauslockt, sondern auch die Gartler: Nun düngen sie wieder. Und graben um und säen an und pflanzen ein. Auf geht's!

Manche von diesen Parzellenwühlern packen es gleich ganz jählings; sie baggern sich so verbissen in ihren frostmürben Humus hinein wie ein Bulldozer ohne Rückwärtsgang. Es gibt aber auch andere, die sich offenbar vor lauter Emsigkeit nicht recht entschließen können, was sie denn jetzt am dringendsten tun sollen oder müssen oder möchten. Fünf Minuten lang stechen sie ein Beet um, bis ihnen einfällt, daß vielleicht das Rosenschneiden jetzt doch noch eiliger pressieren könnte. Und wieder eine halbe Stunde später merken sie, daß eigentlich das Loch im Zaun am allerwichtigsten geflickt werden muß. Nur: Vorher sollte man fast noch die Gartenmöbel lackieren. Oder den Torfmull einrigolen. Oder ... oder ...

Neben solchen hochtourigen Frühlings-Aktivisten kann man allerdings auch Gartenfreunde beobachten, die dem Frühjahr und seinen Anforderungen noch ein wenig ratlos gegenüberstehen. So zum Beispiel den vorlesungsfreien Herrn Professor, der gemessenen Schrittes und eifrig händereibend den Mittelweg seines eingezäunten Paradieses auf- und abspaziert. Hin und wieder bleibt er sinnend stehen und betrachtet mit leicht zur Seite geneigtem Denkerhaupt ein Fleckchen Erde. Und da weiß man dann nicht: Will er vielleicht seine Papageientulpen ein bißchen schneller aus dem Boden schauen? Oder überlegt er nur eine Antwort auf die rein akademische Frage, wie die einzelnen Verrichtungen, denen nun gewissermaßen zu obliegen wäre, bei optimaler Ausnützung des Faktors Zeit in eine kongruente Reihenfolge einzuklassifizieren seien?

Gleichzeitig mit den ersten zarten Blumen sprießen in den Eigenheim-Siedlungen auch wieder die Gespräche von Zaun zu Zaun. Oder – wenn's sein muß – auch über drei Zäune hinweg. Es sind ausgesprochen schalkhafte Bonmots, die da hin- und hergewechselt werden. Wenn zum Beispiel einer von den Spatenschwingern derart umackert, daß ihm der Schweiß gleich in Strömen von der heißen Stirn rinnt, dann ruft ihm der Nachbar früher oder später hinüber, daß es einem bei diesem Geschäft halt ganz schön warm wird, nicht wahr? Könnte ja sein, daß der fleißige Mann das vor lauter Schwitzen selber noch gar nicht gemerkt hat, und drum muß man's ihm wohl sagen. Wobei man ihn aber mit der Bemerkung tröstet, daß Schwitzen bekanntlich gesund sei und daß es ja schon im Sprichwort heißt: Ohne Schweiß kein Preis.

Beim Gang durch eine Kleingartenkolonie hört man im frühesten Frühling häufig auch hohe Glucks-, Schnalz- und Zwitscherlaute. Nicht immer sind das aber die Stare. Sondern manchmal auch zwei Damen am Zaun, bei denen sich den langen Winter über viele, viele Wörter und Sätze angestaut haben. Und obwohl ja die Gartensaison noch kaum angefangen hat, muß das halt alles gleich in den ersten paar Tagen heraus. Wenn auch der Unbeteiligte auf die Weite nicht immer versteht, um was es da geht, so merkt er doch, daß es furchtbar lustige Sachen sein müssen. Denn alle paar Minuten legen die zwei Zaunamseln den Kopf ganz hintenüber und schicken einen derart gick-

sigen Lachtriller in den Frühlingshimmel, daß sogar ein preisgekrönter Kanarienvogel dabei noch ein paar Kadenzen lernen könnte.
Kurz und gut: Es rührt sich wieder was draußen in der Natur. Allerorten ist Frühling worden, wie der Dichter so schön sagt. Und auch in den Gärten geht jetzt das Leben wieder heiter weiter. Genau da und genauso, wie und wo es seinerzeit im November vor der großen weißen Pause aufgehört hat.

Liebesglut und Spinat

Es sind schon wirklich recht schwierige Probleme, mit denen sich der Gartler alle Jahre wieder zum Saisonbeginn herumschlagen muß. So ist zum Beispiel die wichtige Frage zu entscheiden, ob man es heuer einmal mit der Lilli Marleen probiert. Oder ob man vielleicht doch die First Lady nehmen soll. Eventuell wäre es aber noch besser, ein halbes Dutzend von der Sophia Loren zu bestellen. Oder lieber gleich Liebesglut? Es gibt so viele Rosensorten, daß einem wirklich die Wahl zur Qual wird. Am liebsten würde man ja gleich alles kaufen, was in dem großen, bunten Pflanzenkatalog drin steht. Aber einen so großen Garten gibt's doch gar nicht. Und außer für Rosen und sonstige Blumen braucht man ja auch noch ein bißchen Platz für Kohlrabi und Spinat, für Feuerbohnen, Radieserl und gelbe Rüben. Und auch da heißt es scharf überlegen, ob man zum Beispiel wieder den Sommerrettich »Reform« (Hochzucht, reinweiß, gute Stoßfestigkeit) nehmen soll, oder ob man einmal den Frühsommerrettich »Ostergruß« ausprobiert (rosa, halblang, festfleischig). Vielleicht geht's mit dem schneller? Vielleicht ist der an Pfingsten schon fertig – wo er doch Ostergruß heißt!
Zum Zeitunglesen kommt ein richtiger Gartler um diese Zeit nur sehr wenig. Und den Fernseher könnte er eigentlich vorübergehend glatt abmelden. Denn Abend für Abend wälzt er den dicken Sämereien- und Blumenkatalog seines Garten-Centers, den er leider wieder einmal viel zu spät bekommen hat. Zu Weihnachten hätte man ihn halt schon kriegen müssen!
In den Gartengeschäften sieht man in diesen Wochen viele Leute mit ratlos suchendem Blick herumstehen. Wenn eine

Verkäuferin fragt, was es denn bitte sein darf, dann kaufen sie aus Verlegenheit schnell ein Päckchen Vogelfutter. Aber in Wirklichkeit sind sie hergekommen, weil sie das ungute Gefühl nicht loswerden, daß ihnen für dieses Frühjahr noch eine ganze Menge fehlt. Bloß was genau – das wissen sie selber nicht. Einer zum Beispiel wiegt bedächtig sämtliche Gartenscheren in der Hand. Wahrscheinlich hat er daheim sowieso schon zwei oder drei – aber so eine eben doch noch nicht: mit Doppelmuttersicherung und verstellbarer Schneide! Allerdings, wenn man es genau überlegt, dann kriegt man für das gleiche Geld auch schon den netten kleinen Blumenspaten. Oder ein paar Meter Plastikschlauch mit Patentkupplung. Jetzt sollte man bloß wissen, was man in ein paar Wochen am notwendigsten nicht brauchen wird... Besonders umlagert sind natürlich die Regale mit den Sämereien. Manche Leute schütteln da jedes Samentütchen, für das sie sich interessieren, kräftig am Ohr. Dabei schauen sie so konzentriert, wie wenn sie es schon an dem Gerassel hören könnten, ob der Bierrettich einmal holzig wird oder vielleicht nicht.

Ach ja, es gibt so vieles hier zu sehen, was man eigentlich auch noch haben müßte! Wühlmausfallen zum Beispiel, oder eine Hochleistungsspritze. Einen Satz Okuliermesser. Die Baumsäge mit Momentspannhebel. Und den neuen Patentrechen mit geschweiften Zinken. Und erst die vielen Gartenzwerge! Die haben nämlich allesamt den gleichen treuherzigen »Nimm mich mit!«-Blick wie die herrenlosen Hunde im Tierasyl. Tatsächlich wird auch immer wieder einmal so ein pfeifenrauchender oder schubkarrenschiebender Rabattengnom mitgenommen. Und zwar meistens von solchen Gartlern, die sowieso schon längst viel mehr als nur sieben Zwerge besitzen.

Gartlers Abendgebet

Ach lieber Gott, schick morgen etwas Regen,
doch nicht zuviel sollt's bittschön sein.
Du weißt schon: Der Tomaten wegen
braucht man ja auch den Sonnenschein.
Bloß: Nicht zu heiß, denn das wär' bitter,
weil dann gleich der Endivi schießt.
Und bittschön: Schick uns kein Gewitter –
es reicht uns, wenn du lautlos gießt.
Um noch was hätt' ich dich gebeten:
Ein Nachtfrost wär' halt auch recht schlecht.
Dagegen auf den Blumen-Beeten
ein bissl Tau – das wär' sehr recht.
Sei gut zu meinem Garten. Amen!
Halt nein, da fällt mir noch was ein:
Für meinen letzten Rettich-Samen
sollt's Wetter demnächst wüchsig sein!

Die große Garten-Schau

Also so viel Frühjahr und Sommer gibt's ja hierzulande gar nicht, wie an Zubehör für diese Jahreszeiten angeboten wird. Und das nicht nur in den einschlägigen Fachgeschäften. Sondern auch jedes Kaufhaus, das einigermaßen auf sich hält, zeigt eine große Sonderschau. Unter dem Motto: »Sommer, Sonne, Gartenzeit« oder mit ähnlichen optimistischen Slogans. Und ob jetzt im Wetterbericht von einem sich im Anzug befindenden isländischen oder einem schnell nachfolgenden Mittelmeertief die Rede ist: Hier wandelt man auf knirschendem Kunststoffkies und sattgrünem Polyäthylen-Rasen unter lauter bunten Sonnenschirmen dahin. Beschienen von zwei Dutzend Punktstrahlern, die fast so hell leuchten wie die liebe Sonne. Nur nicht ganz so naturrein und ohne jeglichen Bräunungseffekt, auf den es hier allerdings auch gar nicht ankommt.

Unter den Sonnenschirmen ist alles aufgebaut, was man braucht, um seinen Garten in ein Wohnzimmer im Grünen zu verwandeln, wie es in den Prospekten immer so schön heißt. Da stehen vor allem vielerlei Modelle von Tischen, Stühlen und Sesseln herum, die mindestens San Remo, Nizza oder Riviera heißen. Wenn nicht gleich gar Capri oder Sorrent. Die Entwerfer dieser Gartenmöbel scheinen sich aber nicht nur von italienischen Namen inspirieren zu lassen, sondern auch von Italiens Nationalgericht. Denn viele dieser Sitzgelegenheiten sehen aus, als seien sie aus einer Portion weißlackierter Makkaroni zusammengeschneckelt worden. Für Leute von zwei Zentnern aufwärts findet man aber auch hagebuchene Modelle im Rübezahl-Stil, die aus armdicken Knüppeln so massiv ge-

baut sind, daß sie bestimmt nicht nur Wind und Wetter, sondern auch mindestens drei Generationen überdauern. Dazwischen stehen ein paar von diesen Zweisamkeitsschaukeln, bei denen man nie genau weiß, ob sie nun nach Hollywood oder Holyday benannt sind. Vor allem aber sieht man in vielerlei Variationen jenes Gartenmöbel, das früher einmal Liegestuhl hieß, das man jetzt aber nur noch kurz Liege nennt und das neuerdings eigentlich auch Fahre heißen könnte. Denn was heutzutage eine einigermaßen komfortable Liege ist, so steht diese nicht mehr auf Beinen, sondern auf Rädern. Damit man sie nämlich immer dorthin rollen kann, wo gerade die Sonne hinscheint. Was aber auch nur sehr begrenzte Vorteile bringt, denn an manchen Sonntagen müßte man da so eine Gartenkutsche bis dorthin karren, wo sie ihren Namen herhat. Nämlich nach Verona oder Venezia oder sogar noch weiter nach Süden.
Für Gartenfreunde, die auch dann gern etwas plätschern hören, wenn es zufällig nicht regnet, gibt es eine reiche Auswahl an Springbrunnen und Wasserspeiern. Und gleich daneben stehen die diversen Gartengrills. Und die Servierwägelchen mit der eingebauten Freiluftbar.
Der landlose Stadtbewohner, der durch eine solche sommerlich heiter stimmende Gartenschau streift, wird durch den Anblick dieser Dinge in seiner Meinung bestärkt, daß es einfach wunderbar sein muß, einen Garten zu haben. Weil man doch da am Wochenende nichts weiter tut, als in adretter Freizeitkleidung unter einem popfarbigen Sonnenschirm auf seiner fahrbaren Liege zu faulenzen, neben dem munter plätschernden Springbrunnen Kaffee zu trinken, sich hin und wieder an der Gartenbar was Erfrischendes zu mixen und abends auf dem Holzkohlengrill

ein halbes Spanferkel zu rösten. Wie man's ja auch in den Prospekten immer abgebildet sieht. Und höchstens zum sportlichen Vergnügen und damit die Zeit vergeht, greift man dann halt zwischendurch auch einmal zu jenen anderen Utensilien, die ebenfalls in der großen Gartensonderschau gezeigt und verkauft werden. Als da sind: Rasenmäher und Laubrechen, Grubber, Spaten und Heckenschere, Rasenwalze, Kantenstecher, Pflanzholz und Kolbenspritze.

Aber wie sollte ein Nichtgartler auch ahnen können, wieviel Fleiß und Schweiß so ein Stückchen Land fordert, wo weder der Kies auf den Wegen noch Rasen und Rosen aus pflegeleichtem und problemlosem Kunststoff sind. Woher sollte er wissen, daß die meisten Sonnenschirme, Gartenliegen und Spaghetti-Stühlchen hauptsächlich zu dekorativen Zwecken erworben werden. Und für jene Gäste, die beim Sonntagnachmittagskaffee unter dem Sonnenschirm Lido den Freizeitgärtner und seine Gattin immer wieder mit Adam und Eva vergleichen. Indem sie ihnen einreden wollen, sie lebten hier doch wirklich wie im Paradies. Eine Redensart, die Gartenbesitzern nur ein müdes Lächeln abverlangt. Denn sie können sich nicht erinnern, im Religionsunterricht jemals gehört zu haben, daß auch im Garten Eden ein Komposthaufen umzusetzen, der Rettich zu pikieren und der Rasen zu mähen gewesen sei.

Das lateinische Kugelblümchen

Wer einen Garten hat, der müßte im frühen Frühjahr eigentlich Urlaub machen. Nicht nur wegen des Umgrabens oder weil es sonst so viel im Garten zu tun gibt. Sondern auch, um die vielen Prospekte, Preislisten und Kataloge durchzuarbeiten, die man jetzt von Samenhandlungen und Baumschulen, von Gärtnereien und Zubehörlieferanten ins Haus geschickt kriegt. Man könnte natürlich dieses ganze Papier unbesehen wegschmeißen. Aber man kann es eben nicht. Was mit einem Prospekt für feinsten Bremer Importkaffee geht, was man mit einer Postwurfsendung für einen Bilanzbuchhalter-Fernkurs oder mit einem Versandhauskatalog ohne weiteres tun kann, das bringt der Gartler mit den Gartenkatalogen nicht fertig. Er muß sie ganz einfach gründlich durchstudieren, denn in seinem Garten will er heuer dies und jenes anders machen. Und weil er noch nicht ganz genau weiß, wie, deshalb sucht er geduldig alle diese Druckschriften durch. Wer weiß, vielleicht entdeckt er dabei gerade jenen seltenen Schattenstrauch, der ihm in der linken hinteren Ecke noch als Sichtschutz fehlt?
Wer jedoch so einen fachgerechten Grünzeugkatalog mit Gewinn lesen will, der legt sich am besten gleich ein lateinisches Wörterbuch daneben. Denn die Baumschulbesitzer und die berufsmäßigen Gärtner machen es wie die Mediziner und die Juristen: Wenn sie fachlich werden, dann können sie auf einmal nicht mehr Deutsch.
Der Gartenneuling, der sich zum erstenmal mit solcher Lektüre befaßt, möchte darüber schier verzweifeln. Nehmen wir einmal an, er will wissen, was ein schöner Goldregenstrauch kostet. Er schlägt also unter dem Buchstaben

G nach. Und was findet er? Er findet zum Beispiel Genista tinctoria. Oder Galtonia candicans. Oder auch Gentiana septemfida lagodechiana oder Globularia cordifolia. Das alles sind keine ansteckenden Krankheiten, sondern lediglich Zierpflanzen, die auf gut deutsch Ginster, Sommerhyazinthe, Enzian oder Kugelblümchen heißen. Wer Goldregen sucht, ist bei G nämlich ganz falsch. Wenn man wissen will, was ein Goldregenstrauch kostet, dann muß man natürlich unter dem Buchstaben L nachsehen. Das ist doch ganz klar, oder? Wo doch bekanntlich der Goldregen den schönen Namen Laburnum vulgare trägt. Es ist zwar nicht ganz einzusehen, warum man sich in Gärtnerkreisen so auf das hochgestochene Latein versteift. Und am Anfang ist es auch sehr lästig. Aber wenn man sich erst einmal an das Garten-Latein gewöhnt hat, findet man es sogar recht gut. Bekommt man nämlich in seinem Garten Besuch, dann kann man mit erklärender Geste auf diesen und jenen Baum oder Strauch zeigen und so ganz nebenbei sagen: »Schauen Sie, da drüben — meine Fagus atropurpurea macrophylla ist schon wieder gewaltig gewachsen, nicht wahr? Ja, und hier will ich heuer ein Beet mit Anacyclus depressus anpflanzen, die sind nämlich farblich so dezent.« Die Wirkung solcher geballter Fremdwortladungen auf den Besucher ist ungeheuer, und vor so viel Exotik und Fachwissen verschlägt es ihm meist die Sprache. Sollte er aber doch zu fragen wagen, wie denn Fagus atropurpureau macrophylla oder auch Anacyclus depressus auf deutsch heißt, dann sagt der zünftige Gartler, daß ihm der deutsche Name im Moment grad nicht einfällt. Denn es braucht doch nicht jeder zu wissen, daß es sich da bloß um eine gewöhnliche Rotbuche und um ganz einfache Ringelblumen handelt.

Ansprache an die Amseln

Ihr Mistviecher, ihr verdammten!
Ihr schwarzen Luder, ihr verschlampten!
Ihr ausg'schamten Klauer
und Krokuszerhauer!
Ihr Regenwurmschlucker
und Erdbeerverdrucker!
Ihr Terrassenverscheißer!
Ihr Kirschenzerbeißer!
Ihr Scharrer und Kratzer!
Ihr Ernteverpatzer!
Man müßt' von euch Räubern
den Garten säubern:
Mit dem Flobert euch allen
vor den Schnabel eins knallen...
nur daß man's halt leider nicht fertigbringt,
indem daß ihr Luder so rührend schön singt!

Erdbeeren im Heringsnetz

Obwohl man nicht recht weiß, wie sie es bei dem seltenen Sonnenschein eigentlich fertigbringen: Aber so nach und nach werden sie doch reif und rot. Die ersten Erdbeeren. Um zu wissen, wann es so weit ist, braucht man selber gar keinen Garten zu haben. Und man braucht auch nicht in fremde Gärten hineinzuschauen. Es genügt schon, an ein paar Gärten vorbeizuschlendern. Da kann man es dann nämlich laut und deutlich hören, daß es mit den Erdbeeren wieder so weit sein muß. Denn plötzlich klatscht hinter der Hecke jemand in die Hände und macht laut »gsch-gsch«! Dieser Jemand ist der Besitzer einer Selbstversorger-Erdbeerplantage, und die Dampflokomotivgeräusche, die er von sich gibt, gelten jenen Vögeln unter dem Himmel, von denen es schon in der Bibel heißt, daß sie nicht säen und nicht ernten und nicht in die Scheunen sammeln und trotzdem nicht verhungern. Aber selbst ein frommer Gartler meint halt, es stünde nirgends geschrieben, daß sich die Amseln und Stare ausgerechnet von seinen Beeren nähren müßten. Und deshalb steht er Posten, um jeden Angriff auf die Ernte gleich hinwegzischen zu können. In diesen Luftabwehrkampf werden auch die Kinder eingeschaltet, die diese Gaudi natürlich sehr ernst und wichtig nehmen. Wie etwa jener sommersprossige Nachwuchsgartler im zarten Alter von vielleicht fünf Jahren, der an Ingrimm seinen Papa noch weit übertrifft. Indem er nämlich nicht bloß »gsch-gsch« macht, sondern in völliger Verkennung biologischer Tatsachen die gefiederten Angreifer als blöde Hunde und damische Rindviecher beschimpft. Wobei er sie ultimativ auffordert, sich aber schleunigst zu schleichen!

Freilich: Schleichen tun sich die Amseln und Stare schon, soweit man das von einem Vogel überhaupt sagen kann. Aber wie ein Bumerang kommen sie immer wieder zurück. Und weil man ja auch nicht täglich von vier Uhr früh bis Sonnenuntergang »gsch-gsch!« machen kann, greifen gewitzte Gartler zu anderen Abwehrmethoden. Schon Wochen vor Beginn der gefährlichen Periode hatte ja eine Firma von der Waterkant in der Zeitschrift »Unser Gärtlein« gegen Vogelfraß gebrauchte Fischnetze gleich pfundweise offeriert. Dieser günstige Gelegenheitskauf wird nun über die Beete ausgeworfen. Nicht um damit die Erdbeeren zu fangen, sondern um sie vor räuberischen Überfällen zu schützen. Aber die Maschen dieses Netzes sind nicht so eng wie die des Gesetzes. Und ein Loch, dem schon mancher kleine Fisch sein Leben verdankte, ist auch für die Amsel allemal groß genug, um sich eine mäßig gereifte Nachspeise auf einen fetten Wurm herauszuangeln.

Manche Gartenbesitzer probieren es auch noch mit einer Vogelscheuche aus einem Besenstiel und ein paar alten Kleidern. Aber schließlich pfeifen es ja schon die Spatzen vom Dach, daß längst kein lockerer Vogel mehr auf diesen Trick mit Bart hereinfällt. Auch die schwarzen Katzenköpfe aus Blech mit den funkelnden Glasaugen würden gewitzten Staren und Amseln bestenfalls ein mitleidiges Lächeln abnötigen, wenn Vögel überhaupt lächeln könnten. Manche Erdbeerschützer probieren es deshalb mit Stanniolstreifen. Die blitzen lustig in der Sonne und knattern weithin vernehmbar im Wind und zeigen so den geflügelten Erdbeerräubern schon im weiten Umkreis an, wo es sich bestimmt lohnt.

Aber auch ganz unorthodoxe Methoden werden von einigen experimentierfreudigen Gartlern angewandt: Man hängt zwischen den Erdbeeren ein paar tropfnasse Salzheringe auf, die hundert Meter gegen den Wind stinken. Allerdings ist anzunehmen, daß den Vögeln auf die Dauer auch diese Fische ziemlich wurscht sind. Und daß man infolgedessen auch dort nicht recht viel mehr an reifen Erdbeeren ernten wird, als man sich für den Preis von drei Pfund Salzheringen in jedem Geschäft hätte kaufen können.

Das Dumme ist, daß Vögel nicht lesen können. Denn sonst bräuchte man ja bloß Schilder im Erdbeerbeet aufzupflanzen. Mit der Aufschrift: »Für Unbefugte Zupick strengstens verboten!«

Kein Verlaß mehr auf die Mücken

Also früher war das ganz bestimmt anders. Da hat man wenigstens noch einigermaßen gewußt, wie man dran ist. Aber heutzutage stimmt ja gleich überhaupt nichts mehr. Nicht einmal mehr jene einst untrüglichen Anzeichen, die bombensicher angezeigt haben, wie das Wetter wird.
Bitteschön: Weiß man nicht seit eh und je, daß es schon fast als Garantieschein für gutes Wetter gilt, wenn am Abend die Sonne rot untergeht? Klar, so war's doch immer schon. Aber jetzt offenbar nicht mehr. Denn im Laufe von ein paar verregneten Wochen hat man doch schon oft genug folgendes erlebt: Am späten Nachmittag hat plötzlich die Sonne ein bißchen herausgespitzt. Um dann mit einem ganz eindeutigen Abendrot unterzugehen. Ja priiiima! Endlich! Jetzt muß es ja doch einmal schön werden, hat man sich gesagt. Wenigstens morgen. Der Wetterbericht war zwar sehr gegenteiliger Meinung, aber man hat es sich ja sowieso schon lang abgewöhnt, diesen Einesteils-Andererseits-Tip ernst zu nehmen. Also: Man hat frohgemut schon am Abend überlegt, was morgen im Garten alles nachzuholen ist. Man hat sich extra früh ins Bett gelegt und den Wecker auf fünf Uhr gestellt, damit man ja nichts von dem morgigen schönen Tag versäumt. Und am nächsten Morgen? Oh je ... reden wir nicht darüber.
Genauso konnte es einem aber auch mit den tanzenden Mücken und mit den zirpenden Grillen gehen. Auf diese Viecher ist allmählich auch kein Verlaß mehr – ebensowenig wie auf den sternklaren Nachthimmel oder auf den zunehmenden Mond. Alle diese altbekannten Schönwettervorboten haben in letzter Zeit ihre Glaubwürdigkeit eingebüßt.

Aber umgekehrt stimmt ja auch nichts mehr. Da hat's zum Beispiel an einem Tag ein ziemlich blasses Morgenrot gegeben — und man weiß ja, was dann immer die Folge ist: Dann wird's noch am gleichen Tag schlecht. Und was ist passiert? Nichts! Mittags war's immer noch bestens. Aber bestimmt nicht mehr lang, davon war man überzeugt. Denn mittags hat man irgendwo in der Nachbarschaft einen Hahn krähen hören. Und seit es ein Wetter und Hähne gibt, hat man doch nie was anderes gewußt, als daß dann das Wetter mit Sicherheit umkippt. Und zwar schnell. Aber nichts da: Am Abend war's immer noch schön. Trotz abnehmendem Mond. Und am nächsten Tag auch noch. Obwohl da sogar in der Küche zu allem übrigen auch noch der Ausguß zu stinken angefangen hat. Und am übernächsten Tag hat's dann noch immer nicht geregnet, denn trotz sämtlichen absolut sicheren Schlechtwetterzeichen hat ausgerechnet an diesen drei Tagen der diesjährige Hochsommer stattgefunden.

Daß mit den Bauernregeln auch nicht viel los ist, hat man ja sowieso schon gewußt. Aber jetzt weiß man es ganz genau. Zum Beispiel dieser alte Schmarren mit dem Siebenschläfertag, und wenn der verregnet ist. Genau das war er in den letzten Jahren ein paarmal. Leider. War es aber deswegen vielleicht sieben Wochen lang schlecht? Ach wo. Sondern mindestens zehn!

Vollends irritiert wird man aber manchmal durch den amtlichen Wetterbericht. Denn immer wieder einmal kann es doch passieren, daß der Wetterbericht Niederschläge ankündigt — und tatsächlich regnet's dann am nächsten Tag. Ja: Wenn nicht einmal das mehr stimmt, daß der Wetterbericht nicht stimmt — auf was soll man sich denn dann noch verlassen können?

WETTER

Fast wär i z'spät zum Gießen kommen . . .

Grad mit Fleiß!

Obwohl der amtliche Bericht
ganz ernst von Regenschauern spricht,
bleibt's knochentrocken, tagelang,
und jeden Tag fragst du dich bang,
ob du nicht doch jetzt gießen solltest,
was du ja eh schon gestern wolltest.
Doch dann heißt's wieder: Niederschlag
käm' sicher schon am nächsten Tag.
So schiebst du's Gießen vor dir her
acht Tage lang. Dann geht's nicht mehr,
indem man jetzt ganz einfach *muß*.
Du gibst den Garten seinen Guß,
schleppst Kann' um Kanne, wässerst auch
noch stundenlang vermittels Schlauch –
doch hast du den kaum eingerollt,
als es aus fernen Wolken grollt.
Gleich drauf kommt reichlich Himmelsnaß:
Es wässert ohne Unterlaß
den Garten fast schon zum Morast.
Warum? Weil du gegossen hast.
Nur: Hättest du das nicht getan,
fing's lang noch nicht zu regnen an!

Die lieben Verwandten

Was manchem Gartler zur schönen Sommerszeit am meisten auf die Nerven geht, ist nicht das wüchsige Unkraut. Und auch nicht Schneckenfraß und Blattlausplage. Sondern die liebe Verwandtschaft. Weil es gegen die noch kein Mittel gibt.
Den Winter über siehst du von diesen Leuten kaum einmal jemand. Gerade, daß man sich zu Weihnachten einmal kurz besucht. Aber sobald es Frühling wird, schwärmen die städtischen Verwandten aus wie ein Bienenvolk nach dem Winterschlaf. Und an jedem sonnigen Sonntag, den Gott gibt, stehen plötzlich irgendwelche Onkel und Tanten, Cousins und Cousinen, Nichten und Neffen vor dem Gartentürl. Und auch sonst noch ein paar Leute, mit denen man sowieso bloß um sieben Ecken herum verwandt ist. Und alle wollen sie »nur schnell auf einen Sprung« vorbeischauen. Und alle suchen sich dazu genau die Zeit aus, zu der man hierzulande üblicherweise den Sonntagnachmittagskaffee auf den Tisch bringt und den Kuchen anschneidet.
Nicht, daß es auf die paar Tassen Kaffee und auf den halben Obstkuchen ankäme. Und auch sonst hat ja der Gartler gar nichts dagegen, wenn ihn Verwandte und Bekannte in seinem eingezäunten Paradies besuchen. Wo kann sich denn so ein armer Städter am Sonntag schon noch pelzen! Alle Badestrände und Autobahnen und Ausflugsziele sind ja hoffnungslos überfüllt. Und hier im Garten ist ja Platz – da kommt's auf drei oder fünf Leute mehr auch nicht an. Sollen sich also die lieben Verwandten ruhig ein paar schöne Stunden an der frischen Luft machen! Sollen sie ruhig federballen und Boccia spielen

oder sich sonnen und zwischendurch mit dem Gartenschlauch abspritzen, wenn's ihnen Spaß macht!
Was den gastlichen Gartler so verdrießt, ist ja nur die Tatsache, daß sie das alles als selbstverständlich betrachten. Ungeniert legen sie sich stundenlang in den Liegestuhl und schauen mit großem Interesse, aber doch teilnahmslos zu, wie sich der Gastgeber abplagt. Und die Produkte des Gartens loben sie so lang und so ausdauernd, bis du ihnen anstandshalber anbieten mußt, sich doch was zu pflücken oder abzuschneiden. Auf diese Weise gehen dem Gartler seine allerschönsten Erdbeeren durch die Lappen, wenn er sie vorsichtshalber nicht noch schnell am Sonntagvormittag selber pflückt. Auf diese Weise wird auch sein Kirschbaum dermaßen bedenkenlos geplündert, als würden jeden zweiten Tag neue Kirschen nachwachsen. Und auf diese Weise werden ihm die Rosen und die schönsten Blütenstauden gerupft, daß es ein wahrer Jammer ist. Und wenn die lieben Verwandten dann so gegen Abend mit ihrer Beute wieder abziehen, dann sagen sie auch noch recht neidisch: »Ach ja – euch geht's gut! So ein Garten ist halt doch was Wunderbares!«
Was läßt sich dagegen tun? Nun, man könnte am Gartentürl ein Schild anschrauben, wie man es am Eingang zu manchen Firmen so ähnlich sehen kann. Ein Schild, auf dem draufsteht: »Verwandtenbesuche nur Dienstag und Donnerstag von 9 bis 12 Uhr.« Oder aber, man könnte die Verwandtschaft mit dem Hinweis auf zahlreiche, über das ganze Grundstück verteilte Legbüchsen verunsichern. Aber was eine hartnäckige Sippschaft ist, so läßt sich die so leicht nicht abschrecken. Und deshalb ist es vielleicht am gescheitesten, man stellt für diese Leute eine Preisliste zusammen, die ungefähr so aussieht:

1 Tasse Kaffee und 1 Stück Kuchen	½ Stunde jäten
1 Stunde Liegestuhlbenützung	3 Beete gießen
1 Blumenstrauß (klein) . .	1 Meter Weg entgrasen
1 Blumenstrauß (mittel) . .	Rasen mähen oder Rasen kehren
1 Blumenstrauß (groß) . .	Rasen mähen und kehren
1 kg Erdbeeren oder Kirschen	1 Beet hacken

Preise für Gemüse je nach Jahreszeit auf Anfrage.
Schnittlauch und Petersilie gelten als Gratis-Zugabe.
Bitte keine Selbstbedienung!

Ja, so ungefähr könnte die Preisliste aussehen, die man allen Verwandten gleich zur Begrüßung in die Hand drücken sollte. Aber natürlich geht auch das nicht. Selbst wenn sich die Besucher allen Ernstes darauf einlassen sollten, wäre dem Gartler damit doch nicht geholfen. Denn ahnungslos, wie diese Stadtleute sind, brächten die es doch glatt fertig, die schönsten jungen Rettichkeimlinge als Unkraut auszureißen oder sonst irgendeinen hanebüchenen Unfug anzustellen. Und da ist es wohl doch noch besser, man läßt ihnen den Liegestuhl und ihren Glauben, daß man schon die ganze Woche sehnlichst auf ihren Besuch gewartet hat.

Zweierlei Radi

Bierlieder gibt's grad genug. Aber der Radi, der ja im Sommer den Durst erst schön macht und der Maß die richtige Würze gibt, wurde bisher noch nie besungen. Allmählich wär's also wirklich Zeit, daß jemand zum Lob der Weißwurz eine Radi-Polka komponieren würde. Zum Beispiel mit dem Refrain: »Geh weiter, Zenzi, drah di, und bring mir gschwind an Radi!« Wenn's für das Sauerkraut und für die Salzburger Nockerl gegangen ist, dann wird man wohl für den Radi auch noch einen sinnigen Song zusammenbringen.
Was die Hausfrauen am Rettich so schätzen: Daß sie mit diesem Gemüse überhaupt keine Arbeit haben. Zwar muß man auch die Bierwurz nach allen Regeln der Kunst zubereiten. Aber das kann und macht ja sowieso bloß der Papa richtig, und jemand anderen läßt er da gar nicht dran hin. Den Patentrettichschneider, den seine Frau auf der letzten Dult zum Einführungs- und Werbesonderpreis erstanden hat, schiebt er verächtlich auf die Seite. Denn wenn einer einen solchen Apparat braucht, dann kann er ja auch gleich einen Büchsenöffner nehmen, oder? Nein, ein kultivierter Raditechniker braucht dazu bloß ein scharf geschliffenes Taschenmesser. Und natürlich viel Fingerspitzengefühl. Denn die einzelnen Blättchen – der Länge nach eingeschnitten! – müssen so dünn sein, daß man noch alles lesen könnte, wenn man eine Zeitung drunterlegen würde. Und wenn der kunstvoll tranchierte Gaumenreizer schließlich eingesalzen ist, dann kommt es sehr darauf an, wie lang man ihn weinen läßt. Denn wenn man den richtigen Moment verpaßt, dann wird er lätschert. Manchmal kann es allerdings vorkommen, daß man trotz sorgfältiger

und sachgerechter Zubereitung nachher keine rechte Gaumenfreude hat. Nämlich dann, wenn der Rettich holzig ist. Oder vielleicht der Wurm drin.
Es gibt übrigens zwei Sorten von Rettichen: Erstens solche, die man zu kaufen kriegt. Das sind die normalen. Zweitens gibt es solche, die von den Gartlern angebaut werden. Und die sind immer ganz besonders zart und trotzdem schön kernig, außerdem aber so riesengroß, daß die ganze Familie mit Müh und Not einen einzigen zum Abendessen zwingt. Man kennt diese Sorte allerdings nur aus den Erzählungen der Gartler, die gleich beide Hände brauchen, um zu zeigen, wie dick daß ihre Radi sind. Aber wahrscheinlich ist es da so wie bei den Anglern, wo ja auch die kleinen Fische erst richtig zu wachsen anfangen, wenn sie schon lang gegessen sind.
Naturapostel und Reformernährer behaupten, daß der Radi nicht nur schmackhaft, sondern auch sehr gesund sei. Zum Beispiel soll sein Saft gegen Asthma, Blasensteine, Gallenbeschwerden, Leberleiden, Nierensteine und Rheumatismus gut sein. Ob das wirklich stimmt, ist schwer nachzuprüfen. Aber gegen eins hilft der Radi auf jeden fall: gegen Durstlosigkeit. Daß er auch sonst noch einige Nebenwirkungen hervorbringt, muß man ja nicht unbedingt in der Öffentlichkeit verlauten lassen.
Um aber noch einmal auf den Eigenbau-Rettich zurückzukommen: Gerade weil der halt so unvergleichlich gut ist, wird er in solchen Massen angebaut, daß nach ein paar Wochen keiner mehr so recht scharf darauf ist. Aber wegwerfen? Einfach auf den Kompost damit? Nein, das bringt ein Gartler mit seinen Erzeugnissen nicht fertig. Und verschenken? Ja mei: Im März oder Mai – da ginge das vielleicht. Aber unglücklicherweise wird der Gartler-

RADI IM GLAS

Des wird a Freud auf Weihnachten...

Radi halt genau zu jener Zeit fertig, wo man diese Wurzen auch im Laden zu Schleuderpreisen bekommt. Es hat schon Gartler gegeben, die aus lauter Verzweiflung aus ihren Rettich-Überschüssen ein Gemüse zubereitet haben: Gedünsteter Radi — genauso in Scheiben gehobelt und in die Pfanne gehauen wie die italienischen Zucchini. Unter uns Gartlern gesagt: Das schmeckt sogar nicht einmal schlecht. Man sollte es mindestens einmal ausprobieren. Oder aber im nächsten Jahr nicht mehr so viel Radi einsäen.

Laute Leute

Selbst auf den größten Grundestück
wird oft das stille Gartenglück
durch einen Nachbarn arg gestört,
den man zu laut und häufig hört.
Sei's, daß sein Kofferradio plärrt
und an den Sonntags-Nerven zerrt,
sei's, daß er mäht zur falschen Zeit,
sei's, daß er übern Zaun weg schreit,
wobei man's um so weniger schätzt,
je dümmer so ein Nachbar schwätzt.
Dann wieder wütet so ein Nickel
grad mittags mit dem Beil und Pickel,
und kaum hat er motorgefräst,
als schon der Sohn Trompete bläst.
Und abends findet dann doch glatt
noch eine Garten-Party statt ...
WOHL DEM, DER RUHIGE NACHBARN HAT!

Heiße Würstl und kalte Füße

Wer Bekannte hat, die ihrerseits einen Garten oder auch nur einen etwas geräumigen Balkon haben, der muß von Anfang Juni bis Ende August allzeit darauf gefaßt sein, daß ihm eines schönen oder auch regnerischen Tages eine ziemlich riskante Einladung zugeht. Und das kommt hauptsächlich daher, daß sämtliche Frauenzeitschriften gleichzeitig und ohne Rücksicht auf den Wetterbericht ihren Leserinnen weismachen, zu einem richtigen Sommer gehöre eben auch ein romantisches Sommernachtsfest. Oder mindestens eine Balkon-Party. Und natürlich eine Barbecue, oh yeah!
Im einfachsten und günstigsten Fall kann ja sowas sogar ganz nett sein. Nämlich dann, wenn die Gastgeber vielleicht nur einen Balkon haben. Und nichts weiter im Sinn, als mit ein paar Freunden eine Terrine Erdbeerbowle auszutrinken. Denn: Sollten sich an besagtem Abend wieder einmal leichte Nachtfröste ankündigen, dann findet die Veranstaltung im Saale (sprich: im Wohnzimmer) statt. Wehe aber, wenn sich die Gastgeber durch die Fotos in den Frauenzeitschriften zu umfänglicheren Vorbereitungen haben hinreißen lassen! Das darf dann doch nicht alles umsonst gewesen sein, bloß weil der Wetterbericht nicht stimmt. Wenn etwa der Hausherr mühsam drei Dutzend bunte Lampions an den Bäumen und Sträuchern im Garten befestigt hat. Wenn die Terrasse nach dem Motto »Italienische Nacht« stimmungsvoll dekoriert wurde. Wenn ein Holzkohlengrill aufgebaut ist, oder gar ein kleiner Scheiterhaufen für ein Spanferkel am Spieß: Dann muß es schon ganz eindeutig schnürlregnen, bevor sich die Gastgeber zu dem schweren Entschluß durchringen kön-

nen, die ganze Garten-Schau abzublasen und den Schmaus ins Haus zu verlegen. Denn wo man sich so viel Arbeit und Unkosten gemacht hat, wird man doch wohl von seinen Gästen noch das bißchen Sportgeist verlangen können, daß sie auch bei einer scharfen Brise aus Nord-Nordost oder trotz ein paar gelegentlichen Schauern tapfer unter dem bewölkten Nachthimmel ausharren. Und so kommt es, daß man an manchem kühlen Sommerabend gartenfestlich gekleidete Menschen blaugefroren unter roten Lampions herumstehen sieht – das wärmende Whiskyglas in der zitternden Hand und dicht um den qualmenden Grill geschart. Allein der Anblick der glosenden Glut tut ihnen ja schon gut. Denn bei einer solchen Barbecue auf dem taunassen Reihenhausrasen kann man eben nicht nur heiße Würstl kriegen. Sondern auch kalte Füße. Und hinterher womöglich noch einen saftigen Sommerkatarrh. Gewitzte Leute legen sich deshalb für alle Fälle warme Unterwäsche, ein Tütchen Hustenbonbons und ein Päckchen Papiertaschentücher bereit, wenn sie zu einer solchen Garten-Party geladen werden.

Freilich, es kann auch sein, daß diese Vorbereitungen überflüssig sind. Denn hin und wieder passiert es ja tatsächlich, daß ein Gartenfest zufällig just auf einen jener fünf bis sieben lauen Abende fällt, an denen man gar nicht recht versteht, warum denn die Leute eigentlich alle nach Italien fahren. In so einem Glücksfall ist die Sache natürlich gleich ganz was anderes. Nämlich tatsächlich fast ein Vergnügen. Vorausgesetzt, man ist nicht so zimperlich, sich durch ein paar Dutzend Mückenstiche irritieren zu lassen. Denn in einer solch wonnigen Nacht schnuppert nicht nur die ganze Nachbarschaft den lieblichen Duft von Hammelchops und anderen Grillspezialitäten – auch die Mücken riechen den Braten und kommen scharenweise ans Lampion-Licht. Und ebenso jene zahlreichen Nachtfalter, von denen man immer wieder einmal einen aus dem Salatteller oder aus dem Weinglas oder aus dem Dekolleté fischen muß. Aber das gehört mit dazu, und wenn man das nicht mit in Kauf nehmen will, dann soll man eben zu einer solchen Garten-Party lieber gar nicht erst hingehen. Wenn man aber hingeht, dann darf man natürlich auf keinen Fall vergessen, beim Abschied den Gastgebern mehrmals zu versichern, daß es ein wirklich reizender Abend gewesen sei, den man so schnell nicht vergessen werde. Wobei man es mindestens für diese paar Minuten tunlichst unterlassen soll, mit den Zähnen zu klappern, zu niesen oder an seinen Mückenstichen zu kratzen. Außerdem sollte jeder wirklich froh und dankbar sein, der nur Gast bei der Garten-Party sein durfte und mangels einer eigenen Parzelle nicht in die Verlegenheit kommt, sich nun seinerseits mit einem Gartenfest revanchieren zu müssen.

Was macht eigentlich Ihr Rasen?

Kohlrabi sind gar kein Problem. Auch über Rettich, Salat und Erdbeeren gibt es unter Freizeitgärtnern nicht viel zu diskutieren. Da muß man eben gut gießen und ein bißchen düngen, dann stimmt's schon. Wenn aber jemand in seinem Garten ein Stück Rasen hat, dann wird's kompliziert. Denn die höhere Rasologie ist hierzulande noch eine recht junge Wissenschaft mit vielen sehr gegensätzlichen Theorien, unbeweisbaren Behauptungen und gewagten Hypothesen.

Der gartenlose Stadtbewohner weiß von all diesen Schwierigkeiten natürlich nichts. Rasen? Ja freilich, sowas gibt's. In den städtischen Anlagen zum Beispiel. Aber was soll da Besonderes dran sein? Da wächst halt Gras, und das wird gelegentlich abgemäht, und ansonsten ist das Betreten verboten. Hin und wieder hat aber doch auch der Nichtbetroffene Gelegenheit, Näheres über die feinen Unterschiede zwischen Gras und Rasen zu erfahren. Nämlich dann, wenn irgendwo in einer Tischrunde oder auf einer Party zwei Rasologen zusammentreffen. Denn für zwei Rasenbesitzer gibt es überhaupt kein interessanteres Gesprächsthema als ihr grünes Geduldsspiel. Ob es beim Kegeln ist oder im Foyer der Oper, ob mittags in der Kantine oder abends am Stammtisch. Und wenn sich andere Leute höflichkeitshalber erkundigen, wie's denn der Frau Gemahlin und den Kindern geht, so pflegen die Grasmänner ihre Unterhaltung mit der Frage zu eröffnen: »Übrigens... was macht eigentlich Ihr Rasen?« Und dann sagt vielleicht der eine, daß der seine im Moment gar nicht schlecht wäre. Bloß an ein paar Stellen, da ist leider so ein ekelhaft flaches Moos drin, und das bringt man einfach nicht weg. Moos? Da kann der andere nur lächeln. Moos ist doch gar nicht der Rede wert. Da ist eben der Boden an diesen Stellen zu sauer, ganz klar. Aber mit einer Prise Branntkalk kriegt man das schon wieder hin. Viel schlimmer ist doch das Unkraut! Löwenzahn, Gänseblümchen, Ehrenpreis etceterapepe. Aber gerade das findet der andere wieder nicht so problematisch, denn dagegen kann man sich ja leicht helfen. Man muß doch nur alle sechs Wochen mit einem Kontaktmittel spritzen, das nur die zweikeimblättrigen Pflanzen angreift, nicht wahr. Zum Beispiel mit Antilin. Nein, Antilin hat der eine Rasologe noch nicht ausprobiert, sondern bisher nur Rasopur und Grasofil. Aber damit er's ja nicht vergißt, zückt er sofort die Brieftasche und schreibt sich auf der Rückseite eines Parkscheins groß das Wort Antilin auf. Später wird er dann sowieso nicht mehr wissen, ob das nun gegen Kopfweh oder Sodbrennen helfen soll, oder ob es sich um einen neuen Alleskleber handelt.

Wenn zwei Rasologen erst einmal angewärmt sind, dann kann sie nichts mehr abhalten, nun auch noch sämtliche Methoden für die gesunde Ernährung des Rasens durchzusprechen. Zum Beispiel die wichtige Frage, ob man besser jeden Monat 120 Gramm feinzerriebenen Düngetorf pro Quadratmeter streuen soll. Oder ob eine einmalige Depotdüngung mit Grünolin im frühesten Frühjahr wirksamer wäre. Auch das Problem der Rasen-Rasur ist durchaus noch nicht endgültig gelöst. Denn wenn der eine meint, sein horizontaler Sichelmäher sei das einzig Senkrechte, ist der andere auf seinen vertikalen und kabellosen Walzenmäher eingeschworen. Man möcht's nicht glauben, aber was richtige Rasenfanatiker sind, die bringen es tatsächlich fertig, sich eine geschlagene Stunde lang über nichts anderes zu unterhalten als über die Frage, ob es der Grashalm lieber mag, wenn er abgequetscht oder abgeschlagen wird. Und wenn sie damit fertig sind, dann ist immer noch ungeklärt: Soll man das geschnittene Gras einfach liegen lassen oder muß man es abkehren, und falls ja: Am besten wie und womit, oder vielleicht doch nicht?

Wer als Stadtmensch das ermüdende Vergnügen hat, zwei oder gar drei Rasologen bei ihren grünlichen Erörterungen zuhören zu dürfen, der ist wirklich froh, daß er auf seinem Balkon keinen Rasen hat. Sondern nur einen Schnittlauchstock, dem er hin und wieder einfach mit dem Taschenmesser ein paar Halme abzusäbeln braucht. Und auch das nur im Bedarfsfall.

Sonntags-Bilanz

Der Tag war lang, der Tag war heiß,
voll ausgefüllt mit zähem Fleiß
und gut durchtränkt mit sehr viel Schweiß.
Es war ein Tag voll Müh' und Plag',
voll Arbeit, die nicht jeder mag –
und doch: Was für ein schöner Tag!

Ein Swimming-pool muß her!

Wer im Garten up to date sein will, der braucht dafür etliches Zubehör. Unter anderem einen Holzkohlengrill, eine Holyday-Schaukel und – wenn sich's irgendwie machen läßt – ein Schwimmbecken. Oder genauer gesagt: Einen Swimming-pool natürlich. Der Sache nach ist da zwar keinerlei Unterschied, aber Swimming-pool klingt – wie man neidlos zugeben muß – entschieden feiner. Ein bißchen nach high life & society.

So ein Swimming-pool ist eine feine Sache. Wie viele feinen Sachen ist er es allerdings oft mehr in der Theorie als in der Praxis. In der Theorie hört sich die Sache so an: Heuer leisten wir uns endlich auch einen Swimming-pool. Mei – wird das eine Wonne! Jeden Tag vor dem Frühstück zehn Längen rauf und zehn Längen runter – das macht fit! Und wenn man abends abgekämpft heimkommt: Ein Hechtsprung ins kristallklare Wasser – und schon ist man wieder ein ganz anderer Mensch. Überfüllte Seeufer? Massenandrang in den städtischen Bädern? Das kann uns ganz wurscht sein, wenn wir erst unsern Swimming-pool haben!

In der Praxis sieht die Sache dann allerdings so aus, der Swimming-pool, der immerhin ein bißchen Geld gekostet hat, wird in den ersten Tagen nach seiner Fertigstellung stärker frequentiert als das städtische Familienbad. Man lädt sämtliche guten und weniger guten Bekannten ein, den neuen Luxus-Teich zu besichtigen und zu beschwimmen. Man krault vor dem Frühstück zehn Längen rauf und zehn Längen runter, denn Schwimmen ist ja so gesund! Und vielleicht gibt man eines schönen Sommerabends sogar eine Swimming-pool-Party.

SWIMMING-POOL

Geh, Papa, ruck a bissl . . .

Das geht eine Weile so, und die Freude ist groß. Aber nach etlichen Wochen schwimmt man vor dem Frühstück höchstens noch zwei Längen rauf und runter. Und nach acht Wochen vielleicht gar nicht mehr. Man weiß zwar immer noch, daß Schwimmen so gesund ist. Aber wo käme man denn hin, wenn man alles tun sollte, was gesund ist! Übrigens machen Regenwürmer, Schnecken und Heuschrecken die Erfahrung, daß Schwimmen nicht unbedingt und für jeden gesund sein muß. Jedenfalls finden solche Viecherl massenweise im klaren Chlorwasser des Swimming-pools ihr kühles Grab. Der Swimming-pool-Besitzer ist darüber verständlicherweise nicht sehr erfreut, denn er stellt leider fest, daß so ein privates Schwimmstadion auch Arbeit verursacht. Wo man doch sowieso schon grad genug im Garten zu tun hätte. Ewig diesen Kampf gegen die Algen! Und die Blätter! Und den Blütenstaub!

Eines Tages ist es dann so weit: Die ganze Familie packt die Badehose ein und fährt zum nächstgelegenen See. Oder ins städtische Freibad. Es soll sogar Swimming-pools geben, die schon im zweiten Sommer ihres Bestehens überhaupt nicht mehr mit Wasser in Berührung kämen, wenn es der liebe Gott nicht ab und zu regnen ließe. Im dritten Jahr aber läßt man dann vielleicht Handwerker kommen. Und die bauen nicht nur eine Wasserheizung ein, sondern auch eine Plexiglas-Halle um und über den Swimming-pool. Denn irgendwann sieht ein jeder ein, daß München mit Miami kaum mehr als den Anfangsbuchstaben gemeinsam hat. Keinesfalls aber das Klima. Und daß sich deshalb für einen unbedachten Swimming-pool die echten Badetage eines Sommers meist an zwei Händen abzählen lassen.

Einladung zur Selbstbedienung

Über Johannisbeeren – in Österreich neckisch Ribisln genannt – kursieren die verschiedensten Meinungen und Ansichten. Jedes Jahr zur rechten Reifezeit kann man beispielsweise in Hausfrauenblättern und Kundenzeitschriften lesen, daß die Johannisbeeren sehr gesund seien. Warum auch nicht? Es gibt schließlich keinen vernünftigen Grund zu der Annahme, daß sie etwa krank sein sollten. Besonders gesund – so kann man es immer wieder lesen – sind die Johannisbeeren übrigens dann, wenn man sie mit Yoghurt oder saurer Milch vermischt.
Die Johannisbeeren schmecken außerdem sehr gut. Das behaupten jedenfalls alle jene Gartler, die ein Dutzend oder noch mehr Sträucher am Zaun stehen haben.
Auch das Lexikon weiß etwas über die Johannisbeeren: Daß sie nämlich zur Familie der Steinbrechgewächse gehören und daß man aus ihnen Saft, Marmelade, Obstwein, Likör und Branntwein herstellen kann. Diese Auskunft ist allerdings unvollständig, denn man müßte noch hinzufügen, daß Johannisbeeren zum Alptraum ganzer Gartler-Familien werden können. Zunächst allerdings sieht man ihnen das nicht an. In roten Träubchen hängen sie appetitlich und dekorativ zwischen den grünen Blättern, und schon wochenlang vorher freut man sich auf die Ernte.
Wenn es schließlich so weit ist, übersiedelt die Familie mit alten Konservendosen und kleinen Campinghockern ausgerüstet in den Garten. Mit emsigen Fingern wird gerupft und gezupft, als hätte man sich zu einem hundertprozentigen Übersoll verpflichtet. Und das klägliche Ergebnis am Abend: ein entwicklungsfähiger Sonnenbrand und ein lächerlich kleiner Kübel voll Beeren. Die Sträucher aber

biegen sich nach wie vor unter ihrer süßsauren Last, als hätte noch keines Menschen Hand sie berührt.
In den kommenden Tagen kämpft man verbissen weiter gegen die kleinen, roten Beeren an. Und je mehr man davon pflückt, desto mehr scheinen die Sträucher zu tragen. Aber einfach aufhören und den Rest hängenlassen? Kommt gar nicht in Frage, das wäre ja fast eine Sünde! Also werden Onkel und Tanten, allerlei Bekannte, die Nachbarskinder und der Briefträger zur Selbstbedienung eingeladen. Sie alle dürfen pflücken, soviel sie wollen. Nur: Die meisten wollen gar nicht so viel, zumal man ja gerade um diese Zeit die schönsten Johannisbeeren bereits gepflückt im Laden kriegen kann.
Aber irgendwann ist die Johannisbeer-Schlacht dann doch erfolgreich geschlagen. Die Stauden sind so abgeräumt wie ein Christbaum am Dreikönigstag. Zu Hause aber ist immer noch die ganze Familie unablässig mit dem Abzupfen der Beeren, mit der Massenproduktion von Marmelade und mit der Erzeugung von Fruchtsäften und Most beschäftigt. Und dabei sind sich alle in einem Punkt einig: Heuer war's ganz bestimmt das letztemal!
Übers Jahr aber, wenn die Hausfrauenblätter erneut über die enorme Gesundheit der Johannisbeeren zu berichten wissen, dann sind wieder alle Hände vollauf mit der zermürbenden Ernte beschäftigt. Denn man hat noch nie gehört, daß es ein Gartler fertiggebracht hätte, seine Johannisbeersträucher zu roden. Es sei denn, sie wären schon alt und würden nichts mehr tragen. Und in diesem Fall werden sofort neue gepflanzt. Denn hierzulande gehören Johannisbeeren nun einmal fast so obligatorisch in den Garten wie das Bier zum Rettich.

Last und Lust

Oft ganz fürchterlich schwitzen.
Gegen Blattläuse spritzen.
Und säen und mähen.
Nach Wühlmäusen spähen.
Wenn's trocken ist, wässern.
Den Boden verbessern.
Auf sämtlichen Beeten
stets hacken und jäten.
Gut düngen und graben.
Nie nichts zu tun haben.
Und trotzdem: Das alles ist Gartlers Lust!
Warum? Weil du's darfst. Und weil du's nicht mußt.

Ein Männlein steht im Garten

Ein Männlein steht im Garten, ganz still und stumm. Still und stumm vor allem deshalb, weil es durch und durch aus Ton ist. Aus deutschem Ton. Oder neuerdings auch aus wetterfestem deutschem Kunststoff. Auch sonst ist das Männlein deutsche Wertarbeit, made in Germany.

Es ist wohl nicht schwer zu erraten, daß hier vom deutschen Gartenzwerg die Rede ist. Seit undenklichen Zeiten stehen diese munteren Gesellen hierzulande zwischen Alpen- und Edelrosen herum, Schubkarren schiebend, das Pfeiflein schmauchend, bezipfelmützt und sehr gemütvoll. Aber neuerdings kann man den Gartenzwerg auch dort finden, wo er im Sinne des Erfinders gar nicht hingehört. Zum Beispiel auf dem Kaminsims eines aalglatt modernen Bungalows, zwischen Whiskyflaschen und vielleicht neben einem fast echten Picasso. Sogar unweit einer neueren Barockmadonna mit tadellosen Wurmlöchern kann man ihn manchmal stehen sehen. Dort wird er zwar regelmäßig abgestaubt, aber keineswegs geliebt. Man hat ihn halt, weil es momentan in gewissen Kreisen als originell gilt, sich inmitten all der bakterienfreien Sachlichkeit ein Stückchen Kitsch zu halten. Eines Tages wird jedoch der Gartenzwerg dort wieder verschwinden. Nämlich dann, sobald etwas anderes, noch viel Originelleres als originell gelten wird. Im Garten aber wird er seinen Platz behaupten, solange es deutsche Gärten gibt.

Der Gartenzwerg ist heute im Gespräch. Es wird über ihn geschrieben, es gibt sogar ein Buch mit dem Titel »Ich liebe meinen Gartenzwerg«, eine renommierte Firma verschickte kürzlich an ihre guten Geschäftsfreunde je einen solchen als Werbegeschenk, und weibliche Filmstars geste-

hen in Interviews mit verschämtem Augenaufschlag, daß sie ganz privat und heimlich Gartenzwerge sammeln.
Es gibt aber auch andere Leute, für die ein Gartenzwerg ungefähr das allerletzte wäre, wofür sie auch nur eine Mark ausgeben würden. Denn sie nähmen so etwas ja nicht einmal geschenkt. Es gibt Leute, die beim Anblick von Gartenzwergen rot sehen, und das nicht nur wegen der roten Zipfelmützen. Zum Glück darf man das ja immer noch ganz offen sagen, obwohl auch eine Gruppe von Gartenzwergfanatikern existiert, die jeden Gartenzwerg-Muffel am liebsten als Landesverräter und Anarchist abgestempelt sähen.
Immerhin, so sagten sich schon vor Jahren die Meinungsforscher, wäre es doch ganz interessant, einmal herauszuforschen, wie viele Prozent der Bevölkerung für und wie viele gegen Gartenzwerge sind. Sie taten also das, was sie immer tun, wenn sie herausfinden wollen, welcher Politiker momentan am höchsten im Kurs steht oder wie viele Leute gern ein Eigenheim hätten: Sie fragten den repräsentativen Bevölkerungsquerschnitt. Und der gab ihnen die Auskunft, mehr als die Hälfte liebten Gartenzwerge. Nichts gegen die Meinungsforscher und nichts gegen den repräsentativen Bevölkerungsquerschnitt. Aber diese Auskunft kann unmöglich stimmen! Wenn wirklich so viele Bundesbürger für den Gartenzwerg wären, dann hätten wir nämlich – wie wir Deutsche nun einmal sind – mit Sicherheit schon längst einen Interessenverband der Gartenzwergfreunde e. V. Und dessen Bundesvorstand hätte bereits wiederholt und mit Nachdruck Zuschüsse und Steuervergünstigungen der öffentlichen Hand zur Pflege und Förderung der Zwergbewegung und des deutschen Zwergwesens gefordert.

Großes Fest im Kleingarten

Schöner ist es freilich, den Garten gleich beim und ums Haus zu haben. Aber wenn das nicht geht, dann ist eine Schreberparzelle in der Kleingartenkolonie immer noch viel besser als nur drei Blumenkistl auf dem Fensterbrett. Im übrigen kennt der Kolonie-Gartler einen Höhepunkt der Saison, von dessen Freuden der Hausgartenbesitzer gar nichts weiß.

Eines schönen oder regnerischen Tages verkündet da nämlich im Schaukasten der Kleingartenkolonie ein Anschlag, daß am nächsten Sonntag wie jedes Jahr um diese Zeit das traditionelle große Gartenfest mit Gärtenbesichtigung und Preisverteilung stattfinde. Auf der großen Wiese hinter Garten Nr. 53 stelle man laut Beschluß der Vorstandschaft wieder das große Bierzelt auf, und die Kapelle Sepp Blechinger werde in bewährter Weise für Schwung und Stimmung sorgen. Außerdem wird mitgeteilt, daß das Gartenfest wieder ein voller Erfolg werden müsse und daß Gäste ausgesprochen willkommen seien. Unterzeichnet ist das Ganze »mit Kleingartengruß« und »im Auftrag« vom Schriftführer.

In den folgenden Tagen entwickelt sich auf sämtlichen Parzellen der Kolonie ein fieberhaftes Treiben. Tomatenstöcke werden mit dem Lineal auf Vordermann gebracht, und das Gartenhaus erhält einen neuen Anstrich, die Messinghähne der Wasserleitungen werden auf Hochglanz poliert, die Einfassungshecken auf Stiftenkopf getrimmt, und allerorten sind Unkrautvernichtungskolonnen so emsig am Werk, als würden sie im Akkord bezahlt.

Wenn schließlich der große Tag anbricht, dann regnet es höchstwahrscheinlich wie aus Gießkannen. Und der Vor-

GARTENPARTY

Schad, daß der Kegelclub net kommen is ...

stand steht vor der bangen Frage, was er nun mit 300 Paar ff. Rostbratwürsteln anfangen soll. Dabei hätte man doch einkalkulieren können, daß es so kommt, denn solange es solche Gartenfeste gibt, hat höchstens jedes zweite wirklich an jenem Tag stattgefunden, für den es ursprünglich vorgesehen war. Aber eine Woche später ist es dann endlich doch so weit: Die Fahnen flattern im Sommerwind, das Bierzelt ist so voll wie die Linie 21 in der Stoßzeit, und die wackeren Mannen der Kapelle Sepp Blechinger geben in Ermangelung von etwas Besserem ihr Bestes. Währenddessen schreiten unbeachtet von der Öffentlichkeit die Mitglieder der Besichtigungskommission zwischen Buchsbaumhecken und Johannisbeersträuchern fürbaß und notieren – durchdrungen vom Ernst ihrer Aufgabe – die Wertungspunkte.

Später am Nachmittag versucht sich die Kapelle Blechinger an einem dreifachen Tusch, der allerdings etwas schräg ausfällt, denn im Bierzelt herrschen bereits Temperaturen und Luftfeuchtigkeitswerte, die sich allenfalls noch mit denen im Urwald am Amazonas vergleichen lassen. Die drei Preisträger der großen Gartenbesichtigung nehmen ergriffen ihre Auszeichnungen entgegen und lassen sich mit der gewonnenen verchromten Rosenschere, mit den drei Paketen Riesenbohnensamen und den 15 Pfund Kunstdünger für die staunende Nachwelt auf den Film eines eifrigen Amateur-Photographen bannen.

Gegen Abend marschieren die jeweiligen Familienverbände unter Mitführung erheblicher Biervorräte in ihren Garten zurück, um dort die japanischen Lampions und die Hindenburg-Lichter anzuzünden. Die Kapelle Blechinger hat infolge höherer Gewalt des Bieres längst ihre Bemühungen eingestellt, doch versucht der Plattenspieler des

Vorstandes, in Verbindung mit einer Lautsprecheranlage, diese Lücke auszufüllen. Für den Kleingärtnernachwuchs von 14 aufwärts ist dies das Startzeichen für einen flotten Freiluft-Schwoof zwischen Kohlrabi-Beeten und Karotten-Pflanzungen, während sich die ältere Generation auf das Absingen älterer Schlager beschränkt. Bis hin zum Linkeschen Glühwürmchen, das immer wieder lautstark zum Schimmern aufgefordert wird. Über die trennenden Maschendrahtzäune hinweg wird mit den Nachbarn Verbrüderung gefeiert und ewige Blutsfreundschaft geschworen. Beides reicht allerdings meist nur knapp bis übermorgen.

Die Morgensonne des nächsten Tages bescheint ein Bild der Verwüstung: Zertrampelte Rettich-Kulturen und geknickte Tomatenstöcke, geköpfte Dahlien und angebrannte Lampions. In der Krone eines Apfelbaums hängen die Überreste der Vereinsfahne. Auf der Fahnenmastspitze prangt dafür ein unbeschädigter Maßkrug. Es erfordert ein gerüttelt Maß an Arbeit und Geduld, bis alle diese Spuren wieder restlos beseitigt sind. Aber schön war's halt doch! Und schon heute freut sich die ganze Kolonie auf das Gartenfest im nächsten Jahr.

Heimweh

Ein Mann liegt wo im fernen Land
recht faul am Mittelmeeresstrand.
Da liegt er, wohlig ausgestreckt.
Das Meer ist blau wie im Prospekt,
der Himmel auch, und rot der Wein,
und täglich nichts wie Sonnenschein.
Kurzum, dem Mann geht's gut – und doch:
Schon nach der ersten halben Woch'
denkt er (anstatt daß er's genießt):
Ob man daheim auch pünktlich gießt?
Und wie wohl jetzt der Rettich steht?
Und wie's den gelben Rüben geht?
Ob schon die Polyantha blüht?
Und ob man gegen Meltau sprüht?
Nach einer knappen Woche kann
es dieser weit entfernte Mann
schon schier gar fast nicht mehr erwarten:
Die Rückkehr in den Heimat-Garten.

Da ham wir den Salat!

Das lustige bayerische Liedl von jenen Dauerdampfnudeln, die ma gestern g'habt ham, könnte man zur schönen Sommerszeit in vielen Familien so variieren: Tomatensalat hamma gestern g'habt, Tomatensalat hamma heut', Tomatensalat hamma alle Tag' – aber nicht, weil's uns freut. Nein, sondern hauptsächlich deswegen, weil es die höchste Tomatenzeit ist. Sonderangebot: Drei Pfund schöne, rote reife und absolut schnittfeste Tomaten um nur eine Mark! Ja, da muß die marktgerecht handelnde Hausfrau doch einfach zugreifen. Das kann sie doch nicht hintenlassen! Und wenn auch mancher Mann angesichts eines fast täglichen Tomatensalats vielleicht schon ziemlich rot sieht: Das nützt ihm gar nichts. Schwache Protestversuche werden nämlich sofort mit dem unwiderlegbaren Hinweis abgewürgt, daß ja Tomaten nicht nur preisgünstig sind, sondern bekanntlich auch sehr gesund.
Aber die Tomaten allein sind's ja gar nicht. Es gibt auch noch ein paar andere Produkte, die in diesen Wochen ihre Hochsaison haben und deshalb zu Tiefpreisen angeboten werden. Und wenn es ausnahmsweise an einem Tag einmal keinen Tomatensalat gibt, dann aber höchstwahrscheinlich Gurkensalat. Denn Gurken sind zur Zeit ebenfalls nicht nur besonders schön, sondern auch so preisgünstig wie sonst nie. Und gesund ja sowieso auch.
Nun mag's ja in Familien, die ihr Gemüse kaufen, trotzdem noch einigermaßen zu ertragen sein. Denn irgendwann kommt auch die preisbewußteste Hausfrau an den Punkt, wo sie selbst das verlockendste Vitamin-Sonderangebot einfach einmal ausläßt. Ganz anders aber bei jenen Leuten, die einen Garten ihr eigen nennen. Freilich,

damals vor vielen Wochen, da hat man die ersten Salatköpfe von der Sorte »Maikönig« und aus der eigenen Produktion noch mit großem Appetit und mit noch größerem Stolz verspeist. Aber jetzt ... also eigentlich würde es mittlerweile schon längst wieder reichen. Denn allzuviel ist beim grünen Salat zwar keinesfalls ungesund, aber doch recht anödend. Am liebsten würden manche Besitzer einer Familienkolchose zur Abwechslung einmal acht Tage lang überhaupt nichts Grünes mehr auf dem Tisch sehen. Aber das geht natürlich auf gar keinen Fall. Denn dann wäre ja die ganze Arbeit, die man sich seit vielen Wochen gemacht hat, glatt umsonst gewesen. Und überhaupt: Man kann doch das gute Gemüse nicht einfach verkommen lassen. Nein, da gibt's keinen Pardon: Da ham wir den Salat — und der muß weggegessen werden. Und zwar ziemlich schnell. Damit er nicht vielleicht doch noch zum Schießen kommt.

Ganz ähnlich verhält es sich mit dem Rettich. Oh, was war das für ein köstlicher Genuß, der erste schneeweiße und knackfrische Bierrettich der Saison! Damals hatte mancher Gartenbesitzer schon Bedenken gehabt, ob er nicht vielleicht doch noch ein paar Reihen mehr von dieser Delikatesse hätte ansäen sollen. Mittlerweile jedoch hat sich herausgestellt, daß die Rettichplantage dank hingabevoller Pflege doch ertragreicher ist, als man dachte und als man eigentlich mit gutem Appetit verkraften könnte. Und auch da eilt's jetzt arg mit dem Totalverzehr, um dem Holzigwerden zuvorzukommen. Drum muß man den täglichen Rettich zwar fleißig essen, aber man kann ihn infolgedessen schon bald nicht mehr sehen! Und wie froh wäre man doch andererseits im Winter, wenn man manchmal nur einen einzigen so schönen und großen hätte.

Bloß gut, daß es nur ein paar wenige Sachen sind, die so stoßweise und dann aber appetitverleidend massenhaft auf den Tisch kommen. Und daß viele andere Köstlichkeiten das ganze Jahr über schön gleichmäßig wachsen. Wie zum Beispiel und zum Glück der Leberkäs', der von Januar bis Dezember immer gleich warm, gleich frisch und ungefähr zum gleichen Preis zu haben ist, und an dem man sich deswegen auch nicht so leicht überißt.

Wir haben es gut

»Mann, sind *Sie* aber braun!« — Diesen Satz bekommt jeder Besitzer eines Klein- oder Kleinstgartens den ganzen Sommer hindurch mindestens ebensooft zu hören wie jene andere Bemerkung, die er auch schon lang auswendig weiß und die da lautet: »Ja — *Sie* ham's halt gut!«

Daß der Gartler braun ist, läßt sich einerseits nicht leugnen und andererseits sehr leicht erklären: Wer so wie er seit dem frühesten Frühjahr in jeder freien Minute draußen herumwerkelt, der kann ja gar nicht mehr blaß sein. Zudem ist es eine altbekannte Tatsache, daß die Bräunung viel intensiver als durch irgendein Sonnenöl durch jene salzhaltige Flüssigkeit gefördert wird, die dem fleißigen Parzellenbetreuer eben sehr häufig von der heißen Stirn rinnt.

Daß es der Gartenbesitzer gut hat, einfach deswegen, weil er gärtnern kann, ist zwar ebenfalls eine unbestreitbare Tatsache. Aber sooo gut hat er es nun auch wieder nicht, wie seine Bekannten und Verwandten meistens meinen. Freilich, wenn man die Tätigkeit eines Gartenbesitzers nur aus den Inseraten der Bausparkassen kennt, dann kann man leicht zu der Auffassung kommen, so eine Familienplantage sei das reinste Faulenzer-Paradies. Denn auf den Bildern dieser Anzeigen sieht man meistens einen salopp, aber tipptopp gekleideten und wohlfrisierten Gartenspieler, der ganz lässig mit der linken Hand einen Spritzschlauch hält. Mit der Rechten winkt er seiner Frau zu, die adrett und nett zwischen blühenden Blumenbeeten auf ihn zukommt und ihm lächelnd eine kühle Erfrischung bringt, derweil die Kinder vergnügt im Schwimmbassin herumplanschen.

Ganz genauso sieht es auch in der Wirklichkeit aus. Und zwar am Sonntag, wenn die Bekannten und Verwandten des Gartenbesitzers zum Kaffee eingeladen sind. Ach wie herrlich ist es da doch in so einem Gärtchen! Unter einem schattenspendenden Baum ist der Tisch gedeckt, in den Blumenbeeten summen die Bienen, und in der Luft liegt so ein ganz besonderer Duft. Also nein wirklich – einen Garten müßte man halt haben, denn etwas Schöneres und Erholsameres kann es ja gar nicht geben! Mit dieser geseufzten Erkenntnis und mit einem Arm voll eigenhändig gepflückter Blumen verabschieden sich die Besucher, um in ihre beengte Stadtwohnung zurückzukehren. Der Freizeitgärtner aber klappt die Liegestühle zusammen, die er für seine Gäste aufgestellt hatte, zieht sich seine alten Klamotten an und greift nach der Hacke. Denn im Rosenbeet muß unbedingt noch der Boden ein bißchen gelockert werden. Und dann: Der Weg hat schon wieder einmal das Ausgrasen nötig, bei den Obstbäumen sind ein paar Äste abzustützen, und der Rasen ist auch noch nicht gemäht. Außerdem wäre eigentlich noch dringend der Komposthaufen umzusetzen. Und den Rittersporn, den die letzte Gewitterbö umgeschmissen hat, muß man unbedingt noch aufbinden. Und gegen die Schnecken sollte man eigentlich noch Schneckentod streuen, und der verlauste Rotdorn müßte noch gespritzt werden, und ... und ... und!
So werkelt der Gartenbesitzer Stunde um Stunde dahin. Während seine Bekannten glauben, daß er im Liegestuhl ganz gemächlich seine Bräune auffrischt und ansonsten den lieben Gott einen guten Mann sein läßt, tut ihm das Kreuz weh vom vielen Bücken und Unkrautauszupfen. Und während die Nichtgärtner nach der Tagesschau die Wetterkarte nur mit mäßigem Interesse betrachten, beob-

achtet er jede dunkelblaue Wolke am Himmel voll Sorge. Denn wenn's bös kommt, dann kann ihm ein Hagelschauer von fünf Minuten die ganze Arbeit und die ganze Freude von vielen Wochen zusammendreschen. Aber dennoch: Es geht wirklich nichts über einen eigenen Garten. Und die Leute, die da immer sagen: »Ja, *Sie* ham's gut!« – diese Leute haben zwar meistens keinen blassen Schimmer, aber trotzdem absolut recht.

Wetterbericht

Das Wetter wird sich laut Bericht
beiläufig so gestalten:
Zwar einerseits ... (gwiß weiß man's nicht),
doch andrerseits ... (wer nichts verspricht,
der braucht auch nichts zu halten).
Teils leicht bewölkt, teils ziemlich naß,
teils kühl, teils warm und heiter,
teils Tief, teils Hoch, teils kein Verlaß.
Man hört's und denkt sich nur: Ach was –
ihr seid's halt auch nicht g'scheiter!

Ahnungslose Garten-Gäste

Was ein richtig einbetonierter Stadtmensch ist, so hat der natürlich überhaupt keine Ahnung mehr. Von der Natur nämlich. Aber weil er die meiste Zeit gar keine Ahnung hat, daß er keine Ahnung davon hat, macht es ihm auch weiter nicht viel aus. So lange jedenfalls, bis er eines schönen Tages von einem Kollegen eingeladen wird, der sich irgendwo weiter draußen ein Häuschen gebaut hat.

Da kommt also der Besuch hin und wickelt seine obligaten fünf oder sieben Blumen aus. Denn man weiß ja, was sich gehört. Aber schon zwischen Gartentür und Haustür merkt man, daß man da ziemlich danebengegriffen hat. Weil nämlich Blumen ungefähr das letzte sind, womit man die Frau des Kollegen sonderlich erfreuen kann. Ausgerechnet Blumen? Ja, im Winter wär's noch was anderes gewesen. Aber jetzt, im Frühling? Das ist ungefähr so, wie wenn man der Gattin eines Süßwaren-Grossisten eine Schachtel Pralinen überreichen würde. Denn Blumen hat der Kollege da draußen selber in Hülle und Fülle. Gelbe, rote und blaue Blumen. Und auch Sträucher stehen da haufenweise herum, von denen man ganze Arme voll von blühenden Zweigen abschneiden könnte.

Nun ja – aber so schlimm ist es ja auch wieder nicht. Da sagt man halt ein paar nette Worte: Man hätte ja gar nicht geahnt, daß der Kollege schon so einen wunderschönen, üppig blühenden Garten beisammen hat. Nein, wirklich wun-der-bar ist der aber! Einfach herrrlich! Und besonders diese vielen blauen Blumen da, die sind schon eine wahre Pracht. So was hört der Kollege natürlich gern. Aber trotzdem kann er es sich nicht verkneifen, leicht amüsiert die Bemerkung fallen zulassen, daß es sich doch bei den blauen Blumen um gar nichts Besonderes handelt. Das sind ganz schlichte Iris, nichts weiter. Aha. Soso. Ja, und diese kleinen gelben Blümchen, die sind aber auch sehr entzückend! So einen pauschalen Nichtswisserausdruck wie »gelbe Blümchen« kann der Gartenbesitzer natürlich auch nicht unwidersprochen gelten lassen. Sondern er belehrt seine Gäste wohlwollend, daß es sich da um Erranthis handelt. Und dann müssen sie noch lernen, daß diese anderen gelb blühenden Stauden Gemswurz heißen, beziehungsweise Doronicum caucasicum, um es ganz richtig zu sagen. Und dann folgen noch lehrreiche und sachkundige Hinweise auf kaukasische Vergißmeinnicht, auf den weißen Milchstern und auf die Buddleia, die in diesem Jahr – man sieht's ja schon, nicht wahr? – ganz besonders schön austreibt.

Der ahnungslose Stadtmensch, dem pausenlos solche natürlichen Fachausdrücke in den Ohren klingen, kommt mit dem Staunen kaum noch nach. Vor allem staunt er darüber, daß es Leute gibt, die das alles so ohne weiteres auseinanderhalten können. Denn er selber sieht überhaupt keine Forsythien und keine Spiräen und auch keine Weigelien und keinen Hartriegel – ach wo, er sieht immer bloß Sträucher. Ganz gewöhnliche Sträucher, wie er sie auch in irgendeinem Park schon oft gesehen hat. Bloß, daß ihm bisher noch nicht bewußt war, wie kompliziert die alle heißen und wie vielerlei Sorten von Grün man eigentlich auseinanderkennen können müßte.

Wenn der Stadtmensch am Abend von einer solchen Exkursion in die heimatliche Asphaltwüste zurückkehrt, bringt er nebst ein paar blühenden Felsenbirnen-Zweigen auch einen kleinen Minderwertigkeitskomplex mit heim. Freilich, es steht nirgendwo geschrieben, daß es eine unverzeihliche Bildungslücke sei, wenn man eine japanische Lärche und eine Hemlockstanne nicht auseinanderhalten kann. Trotzdem wird er eine Weile das Gefühl nicht los, als seien seine natürlichen Beziehungen ein wenig unterentwickelt. Aber das gibt sich wieder. Irgendwann. Spätestens dann, wenn er eines schönen Tages wieder einmal hinausfährt. Nicht zu dem Kollegen im Vorvorort, sondern lieber gleich in den Wald. Und wenn er sich unbefangen und nichtswissend einfach darüber freut, wie wunderbar würzig die Luft dort riecht. Und wie schön grün es dort ist. Ganz gleich, ob es sich nun um Rotfichten oder um Blautannen handelt. Hauptsache, daß!

In der grünen Hölle

Durch irgendeinen Villenvorort muß man immer durch, wenn man am Wochenende ein bißchen hinausfahren will. Denn: Es führt kein anderer Weg ins Grüne als jener quer durch den Einfamilienhaus-Gürtel, der die Stadt fast lückenlos umschließt.

Noch vor ein paar Jahren mag mancher Stadtbewohner bei seinen Ausflügen mit kaum verhohlenem Neid jene Randzonen der Bungalows und Villen oder auch nur der Reihenhäuser durchquert haben. Weil er sich vorstellte, wie gut es diese Leute doch haben müssen, die am Sonntag gar nicht ins Grüne zu fahren brauchen, indem daß sie ja bereits mittendrin in ebendiesem wohnen. Dank der Aufklärungsarbeit, die in letzter Zeit immer intensiver geleistet wird, weiß man aber mittlerweile, daß solche Vorortler nicht im mindesten um ihre Häuser, Häuschen und Gärten zu beneiden sind. Sondern höchstens zu bemitleiden. Man weiß es nicht nur aus den zahlreichen Illustriertenberichten über die mannigfaltigen Probleme der grünen Witwen. Man erfährt es noch überzeugender aus vielen Aufsätzen, Vorträgen und Podiumsdiskussionen, in denen uns Architekturkritiker, Städtebauexperten sowie Psycho- und Soziologen darüber aufklären: Daß ein Mensch, der da draußen im Grünen und außerhalb der Stadtgrenze lebt (ach was „lebt": dahinvegetiert, müßte man sagen), daß ein solcher Mensch also höchstens ein halber solcher ist, wenn nicht gleich gar bloß ein ganz armer Hund.

Bitte schön, was hat denn ein solcher Mensch vom Leben? Gut, er wohnt im eigenen Haus. Kann auf der Terrasse frühstücken. Hat einen Garten, vielleicht sogar mit Swimming-pool. Braucht keinen Benzinmief einzuatmen. Wird unwahrscheinlich braun, ohne dafür was tun zu müssen. Und kann nachts ruhig schlafen (vorausgesetzt, sein Haus steht nicht gerade in einer Einflugschneise). Aber was nützt ihm das alles! Fehlt ihm doch gänzlich jener Seelendünger, den nach neuerer Meinung der Fachleute der Mensch am allerdringendsten braucht, wenn er gedeihen soll: Urbanität.

Nein, die hat er nicht, der Vorortler. Die kann er sich auch nicht kaufen. Wer dagegen mitten in der Altstadt wohnt, und sei es auch in einem feuchten, dunklen und eingepferchten Hinterhaus, der ist fein heraus. Denn der hat ganz kostenlos jede Menge Urbanität um sich herum. So viel, daß jeden Vorvorortbewohner nur noch der blasse Neid packen kann.

Falls man die Fachleute richtig verstanden hat, dann ist Urbanität beispielsweise: Wenn man am Abend vor dem Fernseher sitzt und Durst kriegt, daß man dann bloß quer über die Straße in die nächste Wirtschaft zu laufen braucht, um sich ein paar Flaschen zu holen. Ein herrliches Gefühl, das der arme Urbanitätslose in seinem Vorortbungalow nie kennenlernt. Denn der muß sich, will er nicht dürsten, glatt jede Woche einen Kasten Bier ins Haus bringen lassen. Urbanität ist auch, wenn man abends noch einen Spaziergang um den Häuserblock macht und sich dabei immer wieder die gleichen erleuchteten Schaufenster anschauen kann. Oder: Urbanität ist, wenn man nur eine Viertelstunde bräuchte, um ins Theater zu kommen. Nicht, daß man deswegen auch wirklich hingeht, ach wo denn. Aber allein zu wissen, daß es möglich wäre, währenddem der Vorortler vielleicht eine dreiviertel Stunde unterwegs ist, allein das ist schon jenes Urbanitätsgefühl, ohne das ein Leben kaum mehr lebenswert ist, wie man neuerdings weiß. Urbanität ist aber auch, daß einem dauernd unangemeldet irgendwelche Freunde und Bekannte hereinschneien, weil man so schön zentral und verkehrsgünstig wohnt. Menschliche Kontakte! Wie nervenzermürbend dagegen die Einsamkeit eines Villenbesitzers weit draußen, zu dem nur die paar Leutchen kommen, die er aus- und nachdrücklich zu seiner Garten-Party eingeladen hat!

Interessant zu wissen wäre ja nur, wo eigentlich alle die Architekturkritiker, Städtebautheoretiker, Sozio- und Psychologen wohnen, die dem Großstädter einen so tröstlichen Urbanitätszuspruch geben und ihm ein- für allemal die Augen geöffnet haben für die unmenschlichen Zustände da draußen im stereotypen, kleinkarierten Einfamilienhausbrei der Vororte. Man möchte ja fast vermuten, die meisten dieser Experten sind selbst so unglücklich, einen Bungalow mit großem Garten weit außerhalb der urbanen Lärmzone bewohnen zu müssen. Woher sollten sie denn sonst auch so genau wissen können, um was für ein neurosengeschwängertes Ghetto-Dasein in der grünen Hölle es sich da draußen handelt!

Blick übern Zaun

Da kauft der eine Gartenjünger
für sehr viel Geld nur Vollwertdünger
und – weil er sehr sein Hobby liebt –
das beste Werkzeug, das es gibt.
An Saatgut kommt nur solches her
mit Markennam' und Keimgewähr,
und gegen alle Schädlingsarten
verteilt er ff. Gift im Garten.
Er hält sich eine Gartenzeitung,
kauft Bücher zwecks Gebrauchsanleitung,
kurzum: Er macht's genau und recht –
und doch gedeiht's bei ihm nur schlecht.
Es blüht nur schwach und mickert stark.
Gesamteindruck: Da fehlt's ja arg!

Ein andrer aber plagt sich kaum.
Und doch: Sein Garten ist ein Traum!
Bei ihm wächst alles fett drauflos.
Tomaten hat er, riesengroß,
und Blumen, eine wahre Pracht,
obwohl er nichts Besondres macht.
Er braucht kaum Geld und kaum Verstand –
er hat halt nur die richtige »Hand«.

An beiden Fällen sieht man klar :
Natur ist unberechenbar!

Wepsige Zeiten

Wenn es erst einmal soweit ist, dann kann man gar nichts mehr dagegen machen. Kaum hat da nämlich die Mutti auf der Terrasse den Kaffeetisch gedeckt und den noch ofenfrischen Zwetschgendatschi aufgetragen, da hört man auch schon ein bedrohliches Surren. Es klingt fast genau so wie Vatis elektrische Bartmähmaschine. Nur viel bedrohlicher. Deshalb fuchtelt auch die Mutti gleich in der Luft herum und fordert energisch, daß sich das Mistvieh, das ekelhafte, sofort wieder verziehen soll. Denn vor Wepsen hat sie einen heiligen Respekt. Und tatsächlich scheint das liebevolle Zureden seine Wirkung nicht zu verfehlen. Nach drei schnellen Orientierungsrunden schwingt sich der gierige Brummer wieder in die Lüfte und geht steil auf Kurs Südsüdwest. Es war nämlich nur ein Aufklärer, der nun daheim im Wespennest Rapport macht. Und während die Mutti auf der Terrasse den Zwetschgendatschi anschneidet, ist bereits ein gelbschwarz gestreiftes Geschwader im Anflug auf den süßen Landeplatz. Wenige Minuten später hört sich am Kaffeetisch die Gemütlichkeit auf. Die ganze Familie rudert heftig mit den Armen in der Luft herum wie Verkehrspolizisten in der Stoßzeit. Zwischendurch schiebt man hastig Datschibrocken in den Mund, damit das Zeug möglichst schnell vom Tisch kommt, denn vorher ist ja doch keine Ruhe mehr. Und dann zündet sich der Vati schnell eine Zigarre an in der Hoffnung, daß das vielleicht die Wespen vertreibt. Aber die reagieren gar nicht auf den Rauch, sondern nur auf seine Bronchien.
Übrigens muß es gar nicht unbedingt immer ein Kuchen sein. Die Wespen sind da in keiner Weise wählerisch und

nehmen dankbar mit fast allem vorlieb, was überhaupt nach etwas schmeckt. Auf einen gesunden, naturtrüben und vitaminreichen Apfelsaft stürzen sie sich genauso gern wie auf das selbstgemachte Johannisbeergelee. Auch Pfirsichkompott und Schokoladenpudding, Wurstbrote, Tomatensalat und ein gut temperiertes Bier sind ihnen durchaus recht. Sogar ein scharfes Rindsgulasch oder einen Klecks Meerrettichsenf verschmähen sie nicht. Rollmöpse und Limburger scheinen sie dagegen weniger zu mögen.

Alljährlich in der Wespenzeit wird übrigens von der Mutti auch wieder jene gar schreckliche Geschichte aufgetischt: von der Nichte von der Freundin von der Frau Fünfsinn, die einmal beinahe elendiglich erstickt wäre, weil sie von einer Wespe in die Zunge gestochen worden ist. Selbst als die unmittelbare Lebensgefahr schon vorbei war, hat sie drei Tage lang nichts essen und nicht einmal reden können. Sooft die Mutti diese Geschichte erzählt, läuft es ihr gleich kalt den Rücken hinunter. Der Vati dagegen weiß ganz genau, daß man eigentlich vor den Wespen gar keine Angst haben muß. Sie sind zwar lästig, aber durchaus nicht gefährlich. Man braucht sich bloß ganz ruhig zu verhalten und die Viecher nicht zu reizen, dann tun sie einem auch nichts. Diese Theorie vertritt er so lange, bis sich einmal eine Wespe in seinen offenen Hemdkragen verirrt und ihm in ihrer Ausweglosigkeit ganz hundsgemein den Giftstachel ins Wammerl rammt. Viel mehr als dieser Stich schmerzen ihn aber die Sticheleien, die er sich nachher anhören muß. Denn die Mutti hat leider doch wieder einmal recht gehabt, und diesen Triumph kostet sie erst noch aus, bevor sie nachschaut, ob noch etwas Arnikatinktur in der Hausapotheke ist.

Ein Strauß von draußen

Natürlich könnte man für ein paar Mark so einen Busch Fliederzweige oder einen Strauß Zwerggladiolen auch im nächstbesten Blumenladen kaufen. Aber erstens wäre das nicht das gleiche. Und zweitens: Wozu denn auch? Das haben doch Leute, die ein Stück weiter draußen wohnen, überhaupt nicht nötig. Nein, die Blumen und Blütenzweige, die sie dann und wann in die Stadt hereinschleppen und an Kolleginnen, Sekretärinnen und andere nette Menschen verteilen, die sind selbstredend nicht gekauft, sondern noch viel wertvoller, nämlich: im eigenen Garten eigenhändig eigens für die betreffende Dame abgeschnitten.

Wehe einer solchermaßen Beschenkten, die sich über den Eigenbau-Vasenschmuck nicht sofort, unbändig und grenzenlos freut – aber schon gleich so! Dieser Dame hätte dann nämlich zum letztenmal eine derartige kostbare Überraschung geblüht. Aber weil sich die meisten Frauen ja ohnehin und immer über Blumen freuen, hat es da eigentlich gar keine Gefahr. Ganz intuitiv finden die Damen auch auf Anhieb meistens genau jene Freu-Formel, die wiederum den Blumenmitbringer am meisten freut. Indem sie nämlich aufjubeln: »Uiii! Ah! Nein – sowas Herrrrrliches!« Und dann, nach einer kleinen Kunstpause, mit einem unschuldig zweifelnden Augenaufschlag: »Ja ... die sind aber doch nicht etwa aus Ihrem Garten?« Wenn diese Frage, wie nicht anders zu erwarten, mit einem ganz nebensächlich hingesagten »freilich« oder »genau« beantwortet ist, verlangen die ungeschriebenen Spielregeln einen nochmaligen kurzen, jedoch gesteigerten Ausbruch von Begeisterung. Wobei ausdrücklich festzustellen ist: Also nein, sowas Herrliches hat man doch wirklich schon lange nicht mehr gesehen! Ganz schlaue Damen machen ihre Sache noch besser. Indem sie nämlich sofort das halbe Büro zusammenrufen und der versammelten Belegschaft vorweisen, was für wun-der-bare Blumen doch der Herr Dings in seinem Garten hat! Worauf natürlich auch die anderen Damen viele Ah's und Oh's von sich staunen. Und genau das ist es, was der Blumenspender hören will. Aber zugeben tut er das natürlich nicht. Ganz im Gegenteil: Er macht schnell ein recht unzufriedenes Gesicht und gibt dann so ganz beiläufig und durch die Blume zu verstehen, daß in diesem Jahr mit den Sachen im Garten gar nicht viel los sei. Ja, letztes Jahr, da war's was anderes. Aber diesmal ist es eben viel zu naß (oder zu trocken oder zu kalt), und da wächst ja einfach gar nichts Gescheites.

Geradezu kindisch freut sich so ein Mann jedoch, wenn er ein paar Blütenzweige mitbringen kann, von denen kein normaler Stadtmensch weiß, wie sie heißen. Denn auf die Frage, was das denn Hübsches sei, kann er dann recht gönnerhaft die Bemerkung fallenlassen, daß es sich da um Amelanchier canadensis handle. – Um was bitteschön? – Na ja... halt Amelanchier canadensis! Wie war denn gleich wieder der deutsche Name? Ach so ja: Dings sagt man auf deutsch dazu — Felsenbirne. Im übrigen wundert es den blumenreichen Vorortler auch gar nicht, daß keine der anwesenden Damen so etwas schon einmal gesehen haben will. Obwohl doch solche Sträucher in jedem Park dutzendweise herumstehen. Aber wer selbst keinen Garten hat, einem solchen armen Menschen verkümmert einfach der Blick für sowas. Jaja.

Im übrigen: Man soll den Wert eines solchen Mitbringsels

ja nicht unterschätzen. Denn, obwohl es nicht gekauft wurde und ganz umsonst gewachsen ist, hat es doch sehr viel gekostet. Und zwar: eine gehörige Portion Überwindung, im eigenen Garten etwas abzuschneiden. Manchen Gartler kommt das vielleicht sogar schwerer an als eine kleine finanzielle Ausgabe. Und deswegen ist es nicht einmal so sicher, ob alle Blumen, die eigens und eigenhändig aus dem eigenen Garten mitgebracht werden, auch wirklich dort gewachsen sind. Denkbar wäre es immerhin, daß auch unter den Blumenmitbringern der eine oder andere auf die gleiche Weise mogelt wie manche Sonntagsangler, die ihre Renommierforellen aus der Fischhalle beziehen.

Gartler-Hymne

(Nach einem alten Volkslied zu singen)

Kein schön'rer Garten weit und breit
als wie der uns're jederzeit,
wo wir uns schi-hinden,
Erholung fi-hinden
und Müh-dig-keit,
wo wir uns pla-hagen
an allen Ta-hagen
als wie nicht g'scheit.

Kein schön'rer Spaß in freier Zeit
als uns're Wühler-Tätigkeit.
Schmerzt auch der Rü-hücken
vom vielen Bü-hücken:
Uns tut's nicht leid.
Wir werkeln wei-eiter,
verschwitzt, doch hei-eiter,
weil's uns halt g'freit!

Was uns noch alles blühen kann

Gedacht hat man sich's ja immer schon, daß das einmal kommen muß: Nach der schwarzen Rose, der zwetschgengroßen Heidelbeere und der dornenlosen Brombeere ist es deutschem Züchterfleiß nun auch noch gelungen, den Drei-Sorten-Obstbaum zu schaffen. Das heißt also: Es gibt jetzt Bäume, auf denen neben- oder hintereinander drei verschiedene Sorten Kirschen, Äpfel oder Birnen wachsen. Damit nicht genug — es gibt sogar einen Pfirsichpflaumenaprikosenbaum. Wenn sich diese neuartigen Züchtungen bewähren sollten, dann kann man sich jetzt schon vorstellen, was uns noch alles blühen wird. Der Mehrblütenstrauch zum Beispiel, der nacheinander Forsythien-, Spiräen- und Weigelien-Blüten hervorbringt. Oder die Regenbogenrose, die gleichzeitig oder nacheinander in sieben verschiedenen Farbtönen blüht. Oder vielleicht auch sowas wie ein Kombigemüse. Eine Patentpflanze also, die gleichzeitig Bohnen und Erbsen trägt oder die oben ein Kohlrabi ist und unter der Erde ein Radi. Und genauso, wie es ja angeblich auch schon eine Rosensorte mit Veilchenduft geben soll, könnte eines Tages vielleicht einer noch auf die Idee kommen und beispielsweise einen Rettich herzüchten, der pflaumenblau ist und wie eine Birne schmeckt. Oder gelbe Erdbeeren mit Pfirsich-Aroma. Oder ein weißes Blaukraut. Kurzum: Auch im Garten hat offenbar jetzt endlich die Zukunft begonnen, und vielleicht wird man schon in fünf oder zehn Jahren mit einem herablassenden Lächeln feststellen, Opas Garten sei jetzt endgültig tot. Wir werden ja sehen, ob man eines Tages statt dem eingesäten Naturrasen, der so viel Arbeit macht, lieber einen naturgetreu nachgeahmten Kunststoffrasen aus strapazierfähigem, wetterfestem und trittsympathischen Polyvinylchlorid auslegt: »Kein Mähen — kein Sprengen – kein Ärger mit dem Unkraut mehr!« Und vielleicht kommt eines Tages auch noch die immergrüne und arbeitsparende, weil schnittfreie Hecke aus unverwüstlichem Plastikmaterial. Wer weiß? So nach und nach wird man es dem lieben Gott schon noch zeigen, wie er es seinerzeit hätte machen sollen.

Letzte Taten mit dem Spaten

Grad emsig sind sie im späten Herbst, und ungeheuer wichtig haben sie es noch einmal, die Klein- und Kleinstgärtner! Denn bevor es mit dem Winter Ernst wird, gibt es auf so einer Rettichfarm noch ganz furchtbar viel zu tun. Zum Beispiel das Umgraben. Leute, die einen Garten und seine Spielregeln nur vom Hörensagen kennen, schütteln zwar den Kopf, wenn sie zusehen, wie sich der Gartler bis in den frühen, feuchten Novemberabend hinein mit dem Spaten herumplagt. Denn sie meinen, daß das doch gar nicht so pressiert, und daß man es im nächsten Frühjahr noch genauso gut machen könnte. Woher sollen sie auch wissen, daß ein Umstich im Herbst ganz was anderes ist als im Frühjahr. Weil dann nämlich der Boden gut durchfrieren und ausgaren kann und eine viel bessere Krume kriegt.

Aber mit solchen Erklärungen könnte sich der Gartler jetzt sowieso nicht aufhalten. Er muß sich nämlich stark dranhalten, daß er auch den Komposthaufen noch einmal umsetzt. Außerdem muß er noch das ganze Laub zusammenrechen, die Rosen anhäufeln und mit Reisig abdecken und den Rasen ein allerletztesmal rasieren. Außerdem braucht das Futterhäuschen ein neues Dach und der Zaun vielleicht schnell noch einen Karbolineumanstrich, damit ihm der Winter nichts tun kann. Und dann ist noch allerhand umzupflanzen: Der Fliederstrauch neben der Wassertonne muß da hin, wo bis jetzt die kleine Lärche gestanden hat. Das Lärchenbäumchen kommt gleich neben den Eingang, aber dafür müssen dort die Polyantharosen weg, und weil man nun für die einen neuen Platz braucht, setzt man sie dort hin, wo der Potentillastrauch war. Und der kommt dafür an den alten Platz vom Flieder. Dann stimmt's wieder.

Das alles muß jetzt aber ruckzuck gehen, weil man ja nicht wissen kann, ob's nicht schon in den nächsten Tagen den ersten Schnee herhaut. Trotzdem finden viele Gartler zwischendurch immer wieder einmal wenigstens ein paar Minuten Zeit, um mit dem nächsten und übernächsten Nachbarn über den Zaun hinweg ein wenig zu fachsimpeln. Denn jetzt, wo der Blättervorhang gefallen ist, sind die Gärten ziemlich transparent geworden, und man sieht einander wieder viel besser. Außerdem kann man nun rückblickend die Erfahrungen dieses Sommers austauschen und zum Beispiel die Frage klären, ob nebendran heuer die Tomaten auch solche Fisimatenten gemacht haben, und wenn ja: warum und wieso. Vor allem aber werden bei solchen Gesprächen vorbeugende Maßnahmen von größter Wichtigkeit erörtert. Zum Beispiel, ob man die neugepflanzten Johannisbeersträucher jetzt noch einmal ganz gründlich wässern soll oder lieber nicht. Und ob für das Anhäufeln der Rosen zum Winter ein Komposthumus oder eine Turfmullmischung besser wäre.

Trotz aller emsigen Aktivität hat aber der Gartenbesitzer doch nicht mehr die rechte Freude an der Sache. Denn es ist halt jetzt nur mehr ein Nachtarocken und das große Auf- und Abräumen für die lange weiße Pause. Nur bei *einer* Arbeit spürt er auch im Herbst so etwas wie frühlingshaften Schwung und Auftrieb: Wenn er nämlich die Zwiebeln steckt. Nicht jene, die man für den Wurstsalat und zum Gulasch braucht, sondern die Krokus- und die Tulpenzwiebeln, die Iris und Eranthis und was es sonst noch so an Blütenknollen gibt. Später, mitten im Winter, kann man dann den Gartler manchmal beobachten, wie er mit leicht verklärtem Blick lang und andächtig seine verschneiten Beete und Blumenrabatten betrachtet. Wer da als Unbeteiligter am Gartenzaun vorübergeht, der wundert sich vielleicht: Warum starrt denn der so da herum? Da gibt's doch gar nichts zu sehen! Ein paar kahle Bäume und Sträucher... 200 Quadratmeter Schnee – und sonst gar nichts. Der Gartler aber sieht da viel, viel mehr. Er sieht schon jetzt, wie nett da drüben unter dem Bluthaselstrauch die blauen und gelben Krokusse herausleuchten werden. Er sieht bereits die bunten Papageientulpen und die gefleckten Iris, die briefkastengelben Osterglocken und die waschpulverweißen Märzenbecher. Er sieht die ganze bunte Blütenpracht schon jetzt genauso, wie sie im Farbprospekt abgebildet ist, und ihm nächstes Frühjahr tatsächlich Auge und Herz erfreuen wird. Falls nicht wieder einmal ein recht unverschämter Winter die Hälfte umbringt.

Ode an den Kompost

Oh du schöner, hoher Haufen
hint' im Eck am Gartenzaun
– um viel Geld nicht zu verkaufen –
lieblich bist du anzuschau'n.

Gut wirst du die Pflanzen mästen,
denn das ist dein edler Zweck:
Schöner Berg aus Rasen-Resten,
Blättern, Würmern, Torf und Dreck.

Und das Schönste an dem Haufen:
Daß der herrliche Kompost
(Wertvoll! Prachtvoll! Nicht zu kaufen!)
noch dazu kein' Pfennig kost'!

Gartenfeuertage

Man kann natürlich darüber streiten, was denn eigentlich das Schönste an so einem Garten ist: Die Freude an den Blumen. Die Bewegung in der frischen Luft. Das Frischestgemüse. Der Liegestuhl auf der Terrasse. Oder was sonst.
Freilich: Alles das ist sehr schön und nicht mit Geld zu bezahlen. Für die meisten Männer aber dürfte noch etwas ganz anderes ziemlich weit vorn in der Wertungs-Skala stehen: Die Tatsache nämlich, daß so ein Garten immer wieder einmal – vor allem im Herbst – einen ebenso glaubwürdigen wie ausgiebigen Vorwand zum Zündeln liefert. Das ganze Jahr über fällt da nämlich immer wieder eine Menge gut brennbaren Materials ab und an. Da gibt es trockenes Gras, da müssen Sträucher und Bäume von dürren Ästen befreit werden, da kommt eine Sendung junger Pflänzchen, die in viel Holzwolle verpackt sind. Natürlich könnte man das meiste von diesem Zeug noch in die Tonne werfen, oder kleingeschnetzelt auf den Komposthaufen. Aber was ein richtiger Gartler ist, der tut das nicht. Der sammelt vielmehr diesen Brennstoff, bis er im Herbst einen anständigen Haufen beieinander hat, und den zündet er dann an. Kurz bevor es dunkel wird. Und dann steht er auf seine Grabgabel gestützt und starrt mit großer Ausdauer in die prasselnden, zischenden, knisternden Flammen. Gierig zieht er den beizenden Rauch in die Nase, und ab und zu stochert er ein bißl in der Glut herum, daß das Feuer hell auflodert und die Funken wirbeln.
In Gedanken ist der zündelnde Gartler ganz weit weg. Nämlich in der Vergangenheit. Er ist wieder der kleine

Bub von damals. Karl May. Lagerfeuer in der Prärie. Irgendwo in der Ferne heult ein Schakal, der Hasso heißt und an der Kette liegt. Das Schönste ist aber, daß hinterher keine Mama mißtrauisch schnuppernd sagt: »Du hast doch schon wieder gezündelt?« Und daß kein Vater einem deswegen den Hosenboden vollhauen oder das Taschengeld für vierzehn Tage sperren kann. Man ist ja schließlich ein erwachsener Mensch, oder? Und man hat das Feuer keineswegs zu seinem Vergnügen angezündet – ach wo, so kindisch ist man doch nicht! Das Zeug war im Weg und mußte beseitigt werden, klarer Fall, und außerdem ist Pflanzen-Asche ein ausgezeichneter Dünger.
Warum man aber unentwegt so lang vor dem Feuer stehen bleibt, bis es ganz heruntergebrannt ist? Aus Verantwortungsbewußtsein natürlich, was denn sonst? Wo doch schon Schiller sagt: »Wohltätig ist des Feuers Macht, wenn sie der Mensch bezähmt, bewacht.« Nur deswegen weichen wir Gartenzündler keinen Schritt von unserem Lagerfeuer. Nur aus diesem Grund schauen wir so gebannt zu. Und mit sowas wie einer pyromanischen Veranlagung hat das überhaupt nichts zu tun.
Aber ganz unter uns gesagt: Ein bißl größer dürfte der Garten eigentlich schon sein. Denn in einem größeren Garten fällt natürlich auch viel mehr an, was man verbrennen kann ...

Im letzten Garten

Gewiß: Jeder von uns geht an Allerheiligen hauptsächlich deswegen auf den Friedhof, weil es erstens so der Brauch ist, und zweitens, um jener Angehörigen zu gedenken, die uns schon vorausgegangen sind. Daneben aber gibt es bei vielen Friedhofsbesuchern noch mancherlei Nebeninteressen. Da wären zum Beispiel jene Damen, denen das eine willkommene Gelegenheit ist, vor zahlreichem Publikum den neuerstandenen Wintermantel mit dem Ozelotbesatz einzuweihen. Oder die alten Leute, die bei einer ausgiebigen Gräbertour einerseits entfernte Bekannte treffen und andererseits an den Grabsteinen ablesen, wer von diesen heuer bestimmt nicht mehr kommen wird.
Vor allem aber kommen die Gartler auf ihre Rechnung. Nicht alle freilich. Denn für solche, die in ihrem Heimgarten hauptsächlich der Kultur von Tomaten, Bierradi und Endiviensalat obliegen, hat natürlich der Friedhof wenig fachlich Interessantes zu bieten. Für die anderen aber, für die fortgeschrittenen Ziergartler, ist so ein festtäglicher Friedhof fast so etwas wie eine große Gartenschau und Pflanzenausstellung. Allerdings: Gerade solche Gräber, wo die meisten Leute voll Bewunderung stehen bleiben und anerkennend abschätzen, wieviel wohl diese verschwenderische Blütenpracht gekostet haben mag – gerade solche Blumendepots interessieren ihn dabei am allerwenigsten. Ja freilich, die Chrysanthemen und die Nelken und all die anderen Schnittblumen sind schon ganz schön. Aber halt doch auch sehr treibhausig und vergänglich.
Nein, was der Gartler kritisch und aufmerksam registriert, das sind die Anpflanzungen. Wobei er seiner Sippe mit fachlichen Kommentaren oftmals recht auf die Ner-

ven fällt. Denn die möchte vielleicht ganz gern recht bald wieder heim zum Mittagessen oder zum Nachtmittagskaffee. Und es ist ihr ziemlich gleichgültig, ob auf jenem Grab dort, das ja gar nicht das ihrige ist, die kleine Nidiforma-Fichte unbedingt weg müßte, weil sie schon zu wüchsig geworden ist und die viel wertvollere Obtusa-Nana-Zypresse daneben unter Druck setzt. Oft muß die Familie des Gartlers auch Umwege in Kauf nehmen, wenn er irgendwo weiter hinten ein selten schönes Exemplar der japanischen Sciadopytis-Schirmtanne entdeckt hat, das er sich unbedingt einmal näher anschauen will.

Oder noch schlimmer: Wenn er ein Gewächs sieht, von dem er nicht einmal den lateinischen Namen kennt, geschweige denn den deutschen. Da kann die Familie unter Umständen ganz schön kalte Füße kriegen, bis der Gartler diese Pflanze genau auf alle Merkmale untersucht hat (Blattform, Blattstand, Wuchsform und so weiter). Ja, vielleicht rupft er sogar heimlich ein Blättchen ab und steckt es in die Tasche. Denn daheim muß er natürlich sofort in seinen sämtlichen sieben bis zwölf Baumschulkatalogen nachblättern, um was für ein rares und sonderbares Ziergehölz es sich da handeln könnte.

Aber nicht nur besonders schön und gut bepflanzte Gräber ziehen den Gartler magisch an, sondern auch solche, die einen leicht vergammelten und verwilderten Eindruck machen. Denn dort hält er den Seinen einen kleinen Vortrag, daß man es bei dieser Latschenkiefer schon seit Jahren versäumt hat, im Mai die Triebe auf die Hälfte einzukürzen — und bittesehr, da sieht man ja, was für ein unförmiger Besen dabei herauskommt. Oder er stellt eine Diagnose, warum dieser an sich ganz gut gewachsene Juniperus Sinensis so vor sich hinmickert: weil er nämlich in diesem völlig verdichteten Boden nie mehr was werden kann. Da müßte unbedingt einmal eine gehörige Portion Torf eingearbeitet werden, und eine anständige Gabe Humusvolldünger wäre für so einen halbverhungerten Pflanzenkrüppel auch ein Segen. Bei manchen Gartlern ist es bloß gut, daß sie den Sonntagsanzug an- und keinerlei Werkzeug dabeihaben. Sonst könnte es womöglich noch passieren, daß sie da und dort anfangen würden, den seit Jahren versäumten und dringend notwendigen Lichtungsschnitt auszuführen. Oder den total versackten Boden ein wenig zu durchlüften. Denn so sind sie eben, die echten Gartenfreunde: immer, überall und allezeit gartelbereit. Bis an das kühle Grab.

Winter-Trost

Aus der Traum vom grünen Garten:
Schnee deckt alle Beete zu.
Ja, jetzt kommt das lange Warten,
und der Gartler hat nun Ruh'.

Weihnachtsfest, Neujahr, Dreikönig –
wenn's doch nur schon Ostern wär'!
Doch den Winter stört das wenig,
und es schneit bloß immer mehr.

Februar: Schon mild und wärmlich.
Ach, doch nur ein schlechter Scherz,
denn es friert und schneit erbärmlich
garantiert erneut im März.

Manchmal möchst du fast verzagen
ob dem ewig gleichen Weiß,
und der Schnee liegt dir im Magen –
doch dann sag dir halt mit Fleiß:

Daß ja auch der längste Winter
irgendwann ein Ende nimmt,
und dann kommt auch gleich dahinter
's nächste Frühjahr. Ganz bestimmt!

Aus dem Vogel-Häuschen

Natürlich sagt jeder, daß er es nur aus schierer Tierliebe tut. Aus Mitleid mit der armen, notleidenden Kreatur. Und das ist bestimmt nicht einmal gelogen. Manchmal hat es aber schon auch noch ganz andere Gründe, warum zur Winterszeit den lieben Vögelein Tag für Tag milde Gaben aufs Fensterbrett oder ins Futterhäuschen gestreut werden.
Klar: Jeder Gartler rechnet stark mit der Anhänglichkeit und Dankbarkeit seiner gefiederten Kostgänger. Indem man ja wohl erwarten darf, daß die gefräßigen Futterhausgäste sich im Sommer mit einem ebenso großen Appetit auf Blatt- und Schildläuse, Apfelstecher- und Kohlweißlingseier revanchieren werden. Um so empörter sind die Gartler jedes Frühjahr, wenn außer den Schädlingen auch die frischgesäten Erbsen, Wicken und Spinatsamen spurlos aus dem Garten verschwinden. Das hat man dann von seiner Gutherzigkeit!
Aber nicht nur von der edlen Tierliebe und von ganz nüchternen Überlegungen profitieren die Vögel im Winter, sondern oft ebensosehr von der nachbarschaftlichen Rivalität in den Eigenheimsiedlungen. Das fängt schon damit an, daß der Herr Ix, dessen Haus kleiner und bescheidener ist als das des Angrenzers Ypsilon, dafür eine um so prächtigere und komfortablere Futtervilla im Garten aufpflanzt. Möglichst an einem Platz, wo der Nachbar diesen Luxus gut im Blickfeld hat. Den aber läßt das kalt. Sein Vogelhaus ist zwar schlichter und noch dazu selbstgebastelt. Aber dafür leistet er sich und seinen Vögeln eben den teuren Hanfsamen statt der billigen Sonnenblumenkerne. Und so etwas zwitschert sich in Vogel-

kreisen ziemlich schnell herum. Die Folge: Um Herrn Ypsilons Futterhaus geht es bald zu wie kurz vor Weihnachten in einem Spielzeuggeschäft. Beim Nachbarn Ix dagegen rührt sich immer weniger. Natürlich kann der es sich keinesfalls gefallen lassen, daß ihm ausgerechnet der protzige Ypsilon seine Vögel abspenstig macht. Kommt ja gar nicht in Frage! Und deshalb kauft Herr Ix für noch teureres Geld ausgesprochene Vogeldelikatessen ein, koste es, was es wolle: Pinienkerne von der ersten Sorte, griechische Rosinen, kleingehackte Smyrna-Feigen und Vollwert-Haferflocken aus dem Reformhaus, die mit Zucker und Sonnenblumenöl geröstet werden. Das lassen sich die Vögel natürlich nicht zweimal sagen. Jedenfalls so lange, bis Herr Ypsilon auf der anderen Seite des Zauns eine noch delikatere Mischung zubereitet. Denn das will er jetzt doch einmal genau wissen, wer da die mehreren Vögel hat!

Den Vögeln selbst ist das alles ziemlich wurscht; sie lassen sich's schmecken und machen sich bestimmt keine Gedanken darüber, warum es ihnen heute wieder einmal so gut geht. Hauptsache, daß! Man weiß zwar nicht genau, ob sich ein Vogel überhaupt etwas denkt, und wenn ja: was? Aber um alle die Hintergedanken zu erfassen, die außer der Tierliebe dazu beitragen, daß er satt wird – dazu wäre ein Spatzenhirn ja sowieso viel zu klein.

Kein Dünger auf dem Gabentisch

Ein Gartler, wenn er noch kindlich ans Christkindl und an die Erfüllung seiner Wünsche glauben könnte, würde einen Weihnachts-Wunschzettel etwa folgender Art abfassen:
Liebes Christkind!
Ich war immer brav und habe das ganze Jahr fleißig gejätet und gegossen. Und nur ganz wenig und ausnahmsweise einmal geflucht. Zu Weihnachten wünsche ich mir deshalb:
1. *Zwei Sack von dem guten Grünspur-Vollkorn-Allzweckdünger.*
2. *20 Pfund Hornspäne für meine Rosen.*
3. *Einen Kanister Spritzmittel gegen das Unkraut im Rasen.*
4. *Ein gutes Gift gegen Wühlmäuse (aber ein starkes, nicht so ein Glump, wo die Hundsviecher bloß drüber lachen).*
5. *Eine neue Heckenschere.*
6. *Einen jungen Gingko-Biloba-Baum.*
7. *Ein ganz frühes und warmes Frühjahr.*
8. *Leimringe für meine Apfelbäume.*
9. *Einen anderenNachbarn, der das Unkraut am Zaun nicht so wuchern läßt.*
10. *Daß es keine Blattläuse und Nematoden mehr gibt.*
Wenn Du nicht alles machen kannst, liebes Christkind, dann laß halt den Gingko-Biloba-Baum und die Heckenschere weg, das wünsche ich mir nachher zum Geburtstag.
So etwa könnte der Wunschzettel eines Gartlers ausschauen. Aber solche Wunschlisten werden ohnehin nicht

geschrieben, und der Gartler hat es sogar schon aufgegeben, sie auch nur zu denken. Weiß er doch ganz genau, daß er ja doch nichts von all dem kriegen wird. Ganz bestimmt nicht!

Einesteils liegt das daran, daß diese Wünsche von seiner Familie und seinen Verwandten beim besten Willen gar nicht zu erfüllen wären. Ein ganz frühes Frühjahr oder einen anderen Nachbarn – sowas kann man nirgends kaufen. Nicht einmal bei jenem Versandhaus, das es ansonsten in vielen Fällen möglich macht.

Aber auch jene Dinge, die für Geld zu haben wären, wird der Gartler vergebens auf seinen Gabentisch suchen. Allenfalls die neue Heckenschere – die wäre möglicherweise noch »drin«. Denn sowas läßt sich ja noch einigermaßen weihnachtlich einwickeln und verbandeln. Zwei Sack Grünspur-Vollkorn-Allzweckdünger passen aber nach Meinung der meisten Leute gar nicht recht unter den Christbaum, und auch 20 Pfund Hornspäne oder ein Wühlmausgift machen da keinen besonders festlichen Eindruck. Was aber den Gingko-Baum betrifft: Erstens ließe sich der schon aus Platzgründen nicht zusätzlich zum Christbaum auch noch im Wohnzimmer aufstellen. Und zweitens könnte man ihn doch jetzt, mitten im Winter, gar nicht brauchen, sondern erst zur Pflanzzeit im Frühjahr.

Nein, damit muß man sich einfach abfinden: Die geheimsten Wünsche eines Gartlers werden zu Weihnachten wohl nie in Erfüllung gehen. Und darum tut er gut daran, sich von vornherein nur das zu wünschen, was er ja sowieso alle Jahre wieder kriegt: Eine Flasche Himbeergeist zum Beispiel. Oder ein Buch. Oder ein paar Krawatten.

Die anderen Sachen hingegen, die er wirklich gern hätte

und bräuchte, die muß er sich eben zu gegebener Zeit doch wieder selber kaufen. Die neuen Krawatten jedoch hängt er in den Schrank zu den anderen. Auf eine oder zwei mehr kommt's da auch schon nicht mehr an.
Denn davon hat er sowieso bereits so viele, daß er zum Mähen, zum Gießen, zum Jäten, zum Hackeln, zum Umgraben, zum Düngen, zum Pikieren, zum Sträucherschneiden, zum Zwiebelsetzen, zum Radieschenstupfen und zum Rosenanhäufeln jeweils eine andere umbinden könnte.

Helmut Seitz

Wie werde ich ein echter Münchner?

Ein methodischer Leitfaden zum Selbststudium für: Preußen und andere Nord- bis Westdeutsche / Franken / Schwaben / Schla-Wiener und andere Österreicher / Gammler / Generaldirektoren / und mutige Zugereiste jeglicher Abkunft / sowie beiderlei Geschlechts. Mit einem Gutachten von Oberbürgermeister Dr. Vogel. 80 Seiten, illustriert mit 26 Fotomontagen von Ernst Hürlimann. Pappband.

Diese unnachahmliche Mischung aus Ernst und Satire kann für den Zugereisten durchaus zu einer nützlichen »Lebenshilfe« im Münchner Alltag werden. Daneben wird sie aber auch dem Einheimischen als eine Art Gewissenserforschung und Schmunzelkolleg Vergnügen bereiten. Das ernstgemeinte, aber als Gegenteil davon dargebotene Bändchen ist wirklich ein Leitfaden, den jeder stets griffbereit mit sich tragen sollte. *Süddeutsche Zeitung*

Zuschauen strengstens gestattet

128 Seiten. Pappband.

Helmut Seitz ist aus vielen kleinen Betrachtungen aus dem täglichen Leben in München aus dem Stadtanzeiger und der Süddeutschen Zeitung bekannt. Er beobachtet die Verbotsschilder und die vielen kleinen Dinge des Alltags, an denen man meistens achtlos vorübergeht. Er schildert uns die Tücke des Objekts und die Eskapaden des Amtsschimmels auf liebevolle Weise. *Münchner Palette*

SVM — Süddeutscher Verlag München